Victor Considerant

Bases de la politique positive

Essai

ISBN : 978-1978247994

10 9 8 7 6 5 4 3 2 1

Victor Considerant

Bases
de la politique
positive

Essai

Table de Matières

PROLÉGOMÈNES.

I. DÉFINITIONS PRÉLIMINAIRES.

Si l'obscurité, l'incohérence et l'arbitraire règnent encore dans le domaine de la Politique, de la Philosophie et de la Morale, il faut en accuser le vague des expressions que ces prétendues sciences emploient, la multiplicité des significations entre lesquelles flottent la plupart de leurs ternies, en un mot l'extrême imperfection de leurs langues ; car l'esprit humain est logique, et, de sa nature, il marche droit à la lumière. — La langue mathématique, seule encore, s'est presque totalement dégagée de la confusion de Babel : aussi les géomètres s'entendent-ils et s'accordent-ils fort bien quand ils parlent géométrie, parce que les mots de cette langue, *carré, angle, cercle, sinus,* etc., etc., sont des termes exactement définis et dont le sens est très-nettement fixé dans l'esprit des géomètres. Les mêmes hommes cessent de se comprendre, de s'accorder et divaguent à l'envi, dès qu'ils parlent politique, philosophie ou morale, par la raison fort simple que les mots *droits, liberté, égalité, matière, esprit, ordre, société, morale, passion,* etc., etc., ont mille sens, comportent souvent les idées les plus contradictoires, et que, sur des basses aussi vagues, aussi mouvantes, il est absolument impossible que l'on puisse rien constituer de solide, de rigoureux, de scientifique. — Ainsi le monde mathématique que crée l'esprit de l'homme et où il établit *à priori* les définitions, s'est le premier dégagé de l'obscurité. Le monde physique, grâce à l'exactitude introduite dans les observations et par suite dans les définitions, marche rapidement vers la lumière ; mais le monde moral est encore plongé dans des ténèbres profondes, et l'on entend même affirmer tous les jours « qu'il est *impossible* de constituer une science fixe dans l'ordie de la trop mobile et trop capricieuse activité humaine. »

Quoi qu'il en soit de cette opinion, bien superficielle à notre sens, chacun accordera que, dans les matières sociales et philosophiques, on ne saurait trop se tenir en garde contre l'imperfection du lanage, ni rechercher trop scrupuleusement la pensée à travers la lettre qui la manifeste. Nous appelons fortement sur ce point l'attention du lecteur, et, pour lui faciliter la tâche, nous signalerons brièvement, sur quelques termes dont nous aurons occasion de nous servir, des variations de sens fécondes à l'infini en erreurs et en sophismes.

SOCIÉTÉ. — Ce mot, entre autres acceptions diverses, signifie tantôt la *collection des individus* qui vivent en Société, tantôt l'*état* de la Société. Cette dernière acception est la plus fréquente dans les questions de réforme sociale. Voici comment la mixtion des deux sens produit le sophisme : par exemple, on profite de l'idée juste et acceptée du respect que l'individu doit à la *Société* (à la masse, à la collection de ses semblables), pour désigner à l'animadversion publique tels ou tels hommes que l'on accuse d'attaquer, d'outrager, de vouloir bouleverser la *Société* (sens mixte et vague), tandis que c'est l'amour ardent de la *Société* (collection des hommes) qui dicte à ceux-ci leurs critiques et leurs accusations contre la *Société* (une forme donnée), qu'ils veulent faire passer, en l'améliorant, à un état plus avancé, plus heureux.

Autre exemple. On énonce cette proposition : « L'Homme est bon, la Société seule est mauvaise. » Les adversaires s'écrient : « Comment peut-on soutenir que l'Homme est bon et que la Société, c'est-à-dire la collection des hommes, est mauvaise ? Si la somme est mauvaise, il faut bien que le mal soit dans les éléments qui la composent. » — Que la proposition primitive soit vraie ou fausse il n'en est pas moins clair que cette manière de la réfuter n'est qu'un sophisme dû à l'exploitation du double sens du mot Société. Une langue bien faite rendrait impossibles de pareils sophismes.

ASSOCIATION, SOCIÉTAIRE, etc. — L'idée exacte ou scientifique de l'Association se compose de la combinaison intime de trois idées, l'idée de l'*ordre*, l'idée de la libertés l'idée de la *liberté*, l'idée de la *justice*. L'état d'Association ou *état sociétaire* suppose en effet que les individus associés coordonnent leurs forces, leurs fonctions et leurs travaux dans une œuvre d'ensemble (ordre), que cette coordination est volontaire et non forcée (liberté), enfin que les fruits du travail commun sont partagés aux associés d'après une règle acceptée par eux, comme satisfaisant à l'idée qu'ils ont du droit de chacun vis-à-vis de tous (justice). Ces trois conditions se tiennent : on comprend en effet que si l'individu se croit lésé dans son droit, il tendra à se séparer de l'œuvre commune, ou bien son mécontentement y introduira des éléments de désordre. Le concours franc, libre, volontaire, à l'œuvre commune exige donc impérieusement la condition de justice.

On voit par cette définition que, l'état d'Association étant un état très-déterminé, il n'est pas rigoureux d'employer, ainsi qu'on le fait souvent, le mot Association comme synonyme du terme générique de Société : car la Société actuelle, par exemple, est bien loin encore d'avoir réalisé l'Association de ses membres. Cependant nous pourrons dire que tel état de Société offre, par rapport à tel autre, une réalisation plus ou moins avancée, plus ou moins complète de l'Association, si nous convenons de désigner ainsi un degré comparatif de rapprochement on d'éloignement de l'état sociétaire, c'est-à-dire du véritable état d'Association.

Il faut entendre par *École sociétaire*, l'École qui a pour objet la science de l'Association et la réalisation générale de l'État sociétaire.

RÉVOLUTION, RÉVOLUTIONNAIRE, etc. — Quand on a mis sous la bannière de ces mots les principes ou les sentiments de liberté, de justice et d'humanité, en vue desquels a pu se faire telle ou telle Révolution, on a commis une erreur de mots qui est devenue un grand danger. En effet, en donnant à des principes glorieux, dont la réalisation anéantirait à jamais dans la Société l'esprit de renversement, de réaction violente et de révolte, en donnant à ces principes le nom qui caractérise l'idée du bouleversement produit par un violent soulèvement, par une éruption du volcan populaire, on est arrivé à glorifier, sous le nom de *principe révolutionnaire*, cet esprit de négation, d'insurrection et de renversement lui-même.

De cette fausse association d'idées résulte une doctrine pleine de périls, qui accouple et lie comme par un lien nécessaire l'idée de *progrès* et l'idée de *révolution*, qui va même jusqu'à l'identification des deux idées. Cette doctrine est très-répandue dans les esprits, et le sophisme de mots sur lequel elle repose est actuellement exploité par tous les partis dans le langage politique.

Pour nous, entre les principes sacrés de justice, de liberté et d'humanité dont l'amour animait nos pères en 89, et le principe *révolutionnaire* proprement dit, la tendance à la révolte, au renversement brutal des gouvernements établis, des sociétés et des lois établies, nous voyons un abîme. À nos yeux le génie du progrès n'est pas plus le génie révolutionnaire, que la loi de la santé, du développement normal de la vie, n'est la fièvre, la convulsion ou l'épilepsie.

Le sens que nous donnons au mot Révolutionnaire restera donc bien défini pour notre lecteur, qui nous trouvera très-*anti-revolutionaires*, mais non pas *contre-révolutionnaires*

LA COMMUNE. — L'Humanité ne vit pas en abstraction ; elle vit en réalité et sur le sol. L'individu ne saurait d'ailleurs être en corrélation directe avec tous les autres individus, ni se trouver partout à la fois. Il en résulte que, quel que soit l'état de la Société humaine, celle-ci est toujours formée de groupes ou agglomérations d'individus et de familles faisant corps et composant les premiers éléments sociaux, qui sont à la société toute entière ce que les alvéoles sont à la ruche, les régiments à l'armée, les unités au nombre. Cette première agglomération, nomade chez les peuples patriarcaux et chez les peuples sauvages, fixée au sol chez les peuples barbares et chez les peuples civilisés, s'appelle, suivant les temps, les lieux et l'état de développement, horde, tribu, douair, kraal, village, bourg, cité, etc. Cette unité sociale, cette alvéole de la ruche ; cette première agglomération, sans laquelle il n'y a pas de Société pratiquement réalisable, c'est ce que nous appellerons *la Commune*, en généralisant le gens que ce mot comporte dans notre langue, et l'appliquant ainsi à l'élément primitif de toute Société réalisée.

POLITIQUE. — C'est encore un de ces mots Protées, contre les diverses significations desquels nous cherchons à mettre le lecteur en garde. Tantôt la *Politique* sera l'Art de gouverner les États ; tantôt le sens s'élèvera plus haut, comme dans cette phrase où Voltaire la définit par le but qu'il lui conçoit : le *véritable but de la Politique consiste à enchaîner an bien commun tous les ordres de l'État*. Le sens s'élargissant, le mot *Politique* s'entendra du Système des relations générales des peuples : *Les chemins de fer sont appelés à exercer de grandes modifications dans la Politique de l'Europe.*

À côté de ces significations, vous trouverez à ce mot la synonymie de ruse, de perfidie, de machiavélisme, comme dans cette phrase de Voltaire : *Ils mettaient toujours de la franchise et de l'humanité où les autres n'emploient guère* que la Politique.

Le même mot s'entend encore du système particulier que se fait tel gouvernement pour parvenir à ses fins, quelles qu'elles soient : *la Politique de tel cabinet, la Politique de tel ministère.*

Dans l'une de ses acceptions les plus fréquentes aujourd'hui, le sens du mot *Politique* se limite aux questions relatives à la nature des formes constitutionnelles et au mécanisme du Pouvoir. C'est dans ce sens que nous disons : *Une grande erreur de notre temps, c'est d'attribuer tous les maux dont souffre la Société, à la mauvaise volonté ou aux fautes des gouvernements : il en résulte qu'on laisse de côté le problème de* l'organisation sociale *pour s'occuper exclusivement de* l'organisation politique, *et faire subir à celle-ci des tiraillements perpétuels et des remaniements non moins stériles que périlleux. Les Réformes politiques laissent les différents* intérêts sociaux *dans leurs positions respectives et à l'état d'hostilité qui en dérive ; elles n'ont pour objet que* le déplacement du Pouvoir, *et n'aboutissent qu'à donner plus d'influence aux uns en diminuant la prépondérance des autres : les Réformes sociales se proposent de changer les relations fausses où les intérêts se trouvent engagés ; leur but doit être de concilier, et de développer tous ces intérêts en les associant les uns aux autres. Les Réformes politiques ne changent rien à* l'état social ; *les Réformes sociales, au contraire, entraînent nécessairement avec elles l'amélioration de* l'état politique. *Que la France, par exemple, se constitue en république ou en monarchie absolue, son état social en sera-t-il changé ? non. Qu'une sage et heureuse réforme sociale y réalise l'accord des intérêts divers qui se combattent aujourd'hui et dont l'hostilité engendre dans le pays des partis hostiles ; cette bonne harmonie établie dans la sphère sociale, portera nécessairement la bonne harmonie dans la* sphère politique. — Les Réformes politiques *ne sont nécessaires que quand* l'organisation politique *est en arrière de l'état social et ne correspond plus au degré d'avancement de celui-ci.*

Cette acception du mot *politique* en a créé, par voisinage, une autre, qui s'applique généralement et vulgairement à la désignation de cet ensemble de discussions, de querelles, de luttes, de manœuvres et d'intrigues de toutes sortes que les partis emploient pour se renverser les uns les autres, se supplanter et s'emparer du pouvoir. C'est dans ce sens que l'on dit, à propos de telle ou telle question, souvent très-grave au point de vue des intérêts réels de la France, mais qui n'est pas de nature à soulever l'irritation des partis, à engager une lutte entre l'opposition et le ministère : *Cette question n'est pas politique ; la Chambre, qui ne prête son attention qu'aux discussions politiques, n'en a pas suivi le développement* ; M. Thiers (ou tout autre), *en portant la question sur le terrain politique* (en attaquant M. Guizot, par exemple), *a réveillé tout-à-cotip l'attention de la Chambre ; le débat est devenu politique.* — La loi exige que les journaux *politiques* déposent un cautionnement. Or, un journal qui n'entre pas dans les personnalités, dans les intrigues parlementaires, dans les faits d'administration qui fournissent la principale matière des querelles journalières de l'Opposition et du Gouvernement, mais qui traite toutes les questions *politiques* et *sociales* à un point de vue plus élevé, peut n'être pas réputé journal *politique.* C'est ainsi que *Le Globe,* (éclectique) pendant les premières années de sa publication, et *La Réforme Industrielle* que nous écrivions nous-même en 1832 et 1833, n'étaient pas considérés comme journaux *politiques* par le ministère public, ni soumis comme tels à déposer un cautionnement, quoique ces journaux traitassent en réalité les questions les plus vitales de la *Politique,* dans le sens général, élevé et scientifique du mot. — À ce point de vue très-vulgaire aujourd'hui, on pourrait dire que cet écrit, intitulé *Bases de la politique positive,* n'est pas un écrit *politique.*

On conçoit donc, grâce à la diversité des significations du même mot, que nous puissions, avec beaucoup de logique, critiquer et attaquer vivement la *Politique* (les misérables querelles dont l'ambition du pouvoir est le fond, et qui engagent toutes les forces de l'intelligence nationale dans des intrigues funestes ou dans de stériles discussions de réformes bornées à l'ordre constitutionnel), travailler à la déconsidération de la *Politique,* provoquer de toutes nos forces la *débacle de la Politique en France* [1], et en même temps proclamer une *Politique* féconde et grande, publier des écrits sur la Politique générale et fixer les *Bases de la Politique positive.*

MORAL, IMMORAL, la **MORALE,** etc. — Il y a peu de mots dont le sens soit aussi vague, aussi capricieux, aussi multiple que ceux de cette famille et dont on ait plus étrangement abusé. Ces mots sont par excellence des *mots — poignards.*

Le radical substantiel de cette famille est *mos, mores, — les mœurs,* —c'est-à-dire l'ensemble des coutumes, des idées admises et des préjugés établis au sujet des relations sociales. Le mot *moral* signifie donc primitivement *ce qui est conforme aux mœurs,* et, par opposition, *immoral* signifie *ce qui contrarie et choque les mœurs.*

Bientôt un autre sens s'est ajouté au premier ; on s'est servi du mot moral pour caractériser l'ensemble des facultés en vertu desquelles l'homme entre en relations affectives ou intellectuelles avec les êtres vivants, l'univers et Dieu. Dans ce nouveau sens, moral s'est opposé non plus à *immoral,* mais à *matériel, physique.* On a dit : le physique et le moral et de l'homme, les facultés morales, etc.

Enfin le mot *moral* n'a pas tardé ; à être amené à un troisième sens par l'effet de ce sophisme, vieux comme le monde, en vertu duquel chaque époque se plaît à prendre ses préjugés généraux, ses idées, ses mœurs, pour des vérités absolues, et son état social pour le degré le plus élevé de la sociabilité humaine. C'est ainsi que le mot *moral,* signifiant *ce qui est conforme aux mœurs* (aux idées reçues, aux croyances sociales, aux préjugés d'une époque donnée), a pris bientôt une signification absolue, et s'est trouvé caractériser *ce qui est conforme au Bien.*

Cette réunion du sens absolu et du sens relatif sous le même terme, était de nature à renforcer singulièrement le sophisme auquel elle était due. Aussi chaque vérité nouvelle qui, dans l'ordre des idées philosophiques, morales et sociales, contrariait les préjugés, les coutumes, les idées reçues, a-t-elle été, à toutes les époques, taxée d'*immoralité* (sens absolu) lors de sa production dans le monde. C'est ainsi que les doctrines chrétiennes ont été accusées d'immoralité par les philosophes et les prêtres du paganisme, et qu'une foule d'idées que la science et la philosophie ont fait adopter et qui ne sont plus contestées par personne ont, à leur apparition, soulevé des orages terribles contre leurs auteurs ou leurs promoteurs.

La *Morale,* considérée tantôt comme la science, tantôt comme la prescription de *ce qui est moral,* a dû participer au vague et à la multiplicité des sens de l'adjectif *moral*. Aussi dit-on beaucoup trop souvent *la* morale, quand il faudrait dire *ma* morale, *notre* morale, *telle* morale. « La morale prescrit ceci… la morale veut cela… cette doctrine est contraire à la morale… » De quelle morale est-il question ? Il y a la morale des anciens et la morale des modernes, la morale des orientaux, la morale des méridionaux, la morale des occidentaux… et chacune de ces morales est si peu définie, qu'elle se divise elle-même en mille morales souvent contradictoires, variant avec les temps, les lieux, les écoles philosophiques, les sectes religieuses, et se colorant de mille teintes différentes.

Bien mieux, jusque dans le sein de l'orthodoxie la plus inflexible, de l'orthodoxie catholique elle-même, on compterait des morales à l'infini. La morale de saint Paul, à tendance quintessenciée, mystique et presque exclusivement idéaliste, nous paraît différer singulièrement déjà de la morale large, vivante, aimante et fortement réaliste du Christ. On trouve dans le sein de l'orthodoxie une morale stoïcienne, une morale platonicienne et une morale épicurienne ; on y trouve la morale des ascètes, des stylites, des trapistes, la morale du renoncement absolu au monde, de la condamnation absolue de toute volupté, de tout plaisir ; puis la morale de la modération dans l'usage des plaisirs ; puis la morale tendre et ultra-sympathique de certaines écoles mystiques. La morale très-mondaine des Jésuites y est combattue par la morale raide et austère de Port-Royal et des Jansénistes (qui ne sont point condamnés pour leur morale) ; et entre ces degrés extrêmes, on trouve mille opinions, mille contradictions sur le *permis* el le *défendu*, c'est-à-dire sur la basa même de la morale, sur ce qui est *bien* et sur ce qui est *mal*.

Si l'on veut donner au mot *moral* le sens de *conforme* au bien, et envisager *la Morale* comme la science qui a pour objet *la production du bien*, il faut comprendre ceci : LA Morale ne sera constituée que :

1° Quand elle aura défini son objet, LE BIEN, et donné un *critérium* certain pour distinguer ce qui est *bien*, de ce qui est *mal* ou de ce qui est *indifférent*, et pour mesurer les degrés du Bien et du Mal ;

2° Quand elle aura déterminé les *moyens les plus efficaces* de réaliser le Bien et de diminuer le Mal, dans la société humaine, au lieu de borner son rôle à une impuissante et illusoire prescription verbale de faire le Bien et d'éviter le Mal.

Disons maintenant que dans l'écrit que l'on va lire, les mots *moral* et *immoral*, quand nous nous en sommes servis pour caractériser des doctrines, ont été généralement employés pour signifier, le premier, ce qui tend à associer les hommes (individus, familles, classes, nations, peuples, races) ; le second, ce qui tend à les *diviser*, à les éloigner du but que l'Humanité doit actuellement poursuivre, la constitution volontaire et libre de son Unité. *Moral* et *immoral* signifient alors conforme ou opposé au bien social. C'est à regret que nous nous sommes servis de ces mots dont la formation est mauvaise, mais qui sont fort en vogue aujourd'hui ; du moins ces termes ne feront-ils pas équivoque sous notre plume.

PASSION. — La profonde ignorance où toutes les philosophies ont laissé l'homme sur sa propre nature (ignorance qui provient précisément de ce que les philosophes n'ont jamais fait d'étude sérieuse sur les Passions humaines), a abandonné ce mot aux acceptions les plus diverses. Examinons-en quelques-unes, sans nous arrêter aux nuances.

Tantôt *passion* signifiera un sentiment fort ou faible, doux ou violent, un mouvement quelconque ou même un simple état de l'âme. C'est ainsi que la crainte, l'espérance, la joie, la mélancolie, la tristesse, la curiosité, la colère, la haine, etc., sont appelées des *passions* dans tous les dictionnaires, dans les ouvrages philosophiques et dans le langage du monde.

Tantôt le mot *passion* aura un sens essentiellement violent. On n'entendra par *passion* que l'excès même des mouvements passionnés. C'est dans ce sens que l'on dit : *Son amour est excessif, c'est une vraie passion. L'amour, l'ambition sont des passions, mais l'amitié n'est qu'un sentiment.*

Tantôt le mot *passion* sera pris exclusivement en mauvaise part, comme dans cette phrase : *Au lieu de calmer les haines, de rallier les esprits, la presse ne cherche qu'à entretenir les passions* ; ou dans celle-ci : *C'est un homme abandonné a toutes les passions, à tous les vices.*

Une autre fois *passion* voudra dire : vie, chaleur : *ce poème, ce tableau, ce caractère est froid, sans vie, sans passion*. Ailleurs *passion* sera synonyme du mot *amour* pris dans son acception générale : *la passion des arts, la passion de la gloire, la passion de la vertu, la passion du bien, du beau, du juste, du vrai*, etc.

On citerait encore une foule d'acceptions différentes du même mot.

La multiplicité de ces acceptions, le vague et même la contradiction de beaucoup d'entr'elles témoignent évidemment, comme nous l'énoncions tout-à-l'heure, de la profonde nuit qui a régné jusqu'ici sur la nature des Passions et par conséquent sur la nature de l'Homme.

Fourier, s'étant le premier livré à l'étude scientifique de la nature humaine considérée sous la face passionnelle, a tiré le mot *Passion* du vague de toutes les acceptions de la langue vulgaire, pour lui donner un sens défini, déterminé. Par ce terme *Passions*, Fourier entend exclusivement les *penchants constitutifs des Êtres*, ou les ressorts inhérents à leur nature même et caractérisant leur titre de vie. Ainsi les *Passions humaines* sont *les forces primitives et naturelles auxquelles est due l'activité libre et spontanée* de l'Être humain, et qui le constituent ce qu'il est en tant qu'Être actif et libre.

Les Passions étant ainsi définies en général, *les Virtualités propres et constitutives de l'Être*, on peut établir *à priori* que la Fonction, conforme à la nature de l'Être, a pour condition de son accomplissement le développement de toute l'activité virtuelle de cet Être, c'est-à-dire le développement plein et équilibré de toutes ses puissances passionnelles. Donc, si l'accomplissement de la fonction naturelle de l'Être est appelée la *Destinée* de cet Être, il en résulte ce théorème que *les Passions, les Attractions ou les Forces Virtuelles, constitutives, sont proportionnelles aux Destinées virtuelles des Êtres*. Ajoutons que le bonheur étant lié, pour chaque Être, à l'accomplissement de ses fonctions propres, à la réalisation de sa destinée virtuelle, *la loi de la fonction* de l'Être, *la loi de la destinée* de l'Être, *la loi du devoir* de l'Être, *la loi du bonheur* de l'Être, *la loi de l'exercice ou du développement des Passions* de l'Être, ne sont que des expressions absolument identiques au fond, et correspondant seulement aux divers points de vue sous lesquels on considère une seule et même loi, *la loi naturelle ou providentielle de l'Être.*

La loi générale qui préside à la distribution des Fonctions, des Destinées, des Attraits, des Passions des Êtres, n'est donc autre chose que LA LOI DE L'ORDRE UNIVERSEL, DE LA VIE UNIVERSELLE, c'est-à-dire l'objet capital de la connaissance humaine et particulièrement de la connaissance philosophique et religieuse.

Dans les œuvres de Fourier et de l'École Sociétaire, le mot *Passion* a donc un sens scientifique très-déterminé, très-élevé et qui n'a rien de commun avec les significations vagues ou contradictoires de ce mot dans la langue vulgaire. Ainsi, par exemple, la colère, la paresse, l'ivrognerie, l'envie, l'avarice, la peur, en un mot tous les excès, tous les vices, toutes les bassesses, auxquels on donne, dans le langage ordinaire, le nom de *passion*, ne sont nullement des *Passions* dans la langue scientifique de l'École Sociétaire.

Dans cette langue et sous la définition donnée, les Passions ne sont pas plus les excès el les vices, qu'un meurtre n'est la force de la poudre dont le meurtrier aurait chargé son arme. C'est ce que savent tous ceux qui ont étudié les ouvrages de l'École Sociétaire avec quelque peu d'attention et d'intelligence.

Cependant (qui le pourrait croire si le fait ne s'était pas fréquemment reproduit ?), c'est sur l'exploitation de la misérable équivoque, qui consiste à attribuer au mot *passion*, contrairement au sens de la définition scientifique, ce sens vulgaire embrassant les vices les plus odieux, les excès les plus abominables ; c'est sur l'exploitation d'une aussi honteuse imposture, que l'on n'a pas craint de fonder la plu part des attaques dirigées jusqu'ici contre la Doctrine de Fourier.

Fourier prétend que toutes les *Passions* (sens scientifique, les *Facultés actives* de l'âme humaine) sont bonnes, c'est-à-dire, sont de nature à être utilisées dans un mécanisme social qui engagerait toute leur activité dans la voie du bien. — La mauvaise foi des adversaires de Fourier traduit cette pensée en celle-ci : « Fourier légitime toutes les *passions* (sens vulgaire, comprenant *tous les excès, tous les crimes*) et veut que chacun puisse, sans frein et sans entraves, assassiner, piller, égorger, se rouler dans tous les vices, se livrer à toutes les dépravations, s'abandonner impunément à tous les désordres imaginables ! » Pour être quelquefois présentée en termes qui en déguisent mieux l'imposture, telle n'en est pas moins la traduction que font au public, de la pensée de Fourier, presque tous ceux qui s'en constituent les adversaires !

Un pareil exemple est bien propre à montrer quelles armes le sophisme, l'ignorance ou la mauvaise foi peuvent trouver et trouvent en effet dans l'exploitation des mots auxquels nos langues, encore si défectueuses, attachent, sans précision, toutes sortes d'idées différentes.

LIMITE et **ABSOLU.** — On entend par limite, en mathématiques, une valeur ou un état iixe et déterminé, dont une expression variable se rapproche indéfiniment. Ainsi, le polygone inscrit au cercle s'en approchant de plus en plus au fur et à mesure que le nombre de ses côtés augmente, on dit que ce polygone a pour *limite* le cercle, quoique le polygone n'arrive jamais à se confondre réellement avec le cercle, puisque l'identification ne saurait avoir lieu qu'à l'infini. De même, quand nous raisonnons par exemple sur la forme sociale capable de produire *à la limite* l'ordre absolu par la liberté absolue, cela ne signifie en aucune façon qu'on pourra réaliser pratiquement un ordre *absolu* dans la société. Toute réalisation humaine, et généralement toute réalisation dans le fini, n'est jamais que l'approximation d'un idéal, d'une conception, d'un absolu. Dans toute mesure, dans toute construction de figure, il y a toujours une certaine erreur, tant petite soit-elle ; mais cela n'empêche pas que, pour connaître les propriétés des grandeurs et des figures, on ne doive concevoir ces figures dans l'Absolu. Le cercle est une conception absolue qui n'a jamais été, qui ne sera jamais réalisée par aucun tracé ; les géomètres n'en ont pas moins raison de spéculer sur le cercle idéal, absolu, c'est-à-dire sur la figure bornée par une ligne dont tous les points sont rigoureusement, *absolument*, à la même distance du point central. Ce n'est même que parce qu'ils ont conçu cet *absolu*, tout irréalisable qu'il puisse être pratiquement, que les géomètres ont pu découvrir et démontrer rigoureusement les propriétés absolues et réelles dans l'absolu, du cercle, et se servir très-utilement de ces propriétés dans la pratique.

Il n'est pas seulement permis et légitime, mais il est indispensable partout où l'on veut faire de la science, partout où l'on veut classer, généraliser et connaître ; il est indispensable, disons nous, de spéculer sur des types des idéaux, des absolus. Il est donc très-peu philosophique de venir arguer contre l'usage que l'on fait de l'Absolu dans la science, par la considération que l'Absolu n'est jamais *absolument* réalisable.

Avec une prétention semblable, il faudrait donner congé à la géométrie, aux mathématiques, aux lois de Keppler et de Newton, etc. car les figures géométriques, les lois de la mécanique céleste, etc., sont des conceptions absolues, dont les réalisations ou les vérifications pratiques ne sont et ne seront jamais pour nous qu'approximatives. Il y a plus, pour déférer à cette prétention singulière, il faudrait cesser absolument de raisonner, car tout homme qui rai sonne en connaissance de cause, sait que toute conception déterminée, toute définition, est une conception absolue, et que toute conception qui n'est pas un absolu n'est qu'une idée plus ou moins vague, plus ou moins obscure, une apparence de conception, sur laquelle on ne peut bâtir par le raisonnement aucune connaissance solide.

Nous ne craindrons donc pas plus d'invoquer l'Absolu dans les questions sociales que dans toutes autres questions, quitte à faire de l'idée absolue un usage rationnel et logique. Mais, afin d'éviter toute équivoque et toute objection oiseuse, nous déclarons que quand nous parlons d'une réalisation *absolue* quelconque, il est bien entendu que cette expression ne désigne pas autre chose que la limite des réalisations pratiquement possibles : — que cette limite puisse être ou n'être pas atteinte, cela n'est pas même en question.

Nous avions assez scrupuleusement et assez fortement exprimé notre pensée à ce sujet dans tout le cours du *Manifeste*, pour nous croire à l'abri des interprétations erronées que nous relevons ici. Mais puisque, malgré la netteté avec laquelle nous avons séparé le domaine des limites ou des conceptions absolues, du domaine des réalisations finies et pratiques, nous avons été avertis par différentes critiques, qu'on ne doit pas confondre l'Idéal avec le Réalisé, le Fini avec l'Infini ; puisqu'on nous a fait la leçon pour nous apprendre que le BIEN SOCIAL TERRESTRE ne peut pas être la même chose que le BIEN UNIVERSEL ABSOLU, nous n'avons pas dû craindre de donner, dans cette nouvelle édition, des explications que nous n'eussions pas osé mettre dans la première, de peur de paraître nous méfier par trop de l'intelligence du lecteur.

Nous ne pousserons pas plus loin nos définitions de termes : — les exemples que nous avons donnés suffiront pour tenir le lecteur en garde contre les sophismes involontaires auxquels on se laisse entraîner par la diversité ou le vague du sens des expressions, quand on ne met pas assez d'attention à saisir dans sa vérité la pensée d'autrui.

En général, et quoique nous n'ayons aucune prétention à l'infaillibilité, nous engageons le lecteur, toutes les fois qu'il croira nous avoir pris en flagrant délit d'erreur, à se demander d'abord à lui-même s'il a bien compris la pensée qui lui semble fausse, et à contrôler, par l'esprit général du morceau auquel elle appartient, le sens qu'il attribue à une phrase isolée. De cette façon on évitera beaucoup d'objections et de discussions oiseuses.

II. INTRODUCTION.

Cet écrit, ainsi que son titre l'indique, est l'Exposition des *Bases de la Politique positive*, ou, en d'autres termes, la déduction des Principes constitutifs de la Science Politique, principes qui sont restés jusqu'à notre Époque ignorés de la Société et de ses Gouvernements, et qui sont produits aujourd'hui pour la première fois dans leur filiation logique et dans leur généralité véritablement scientifique.

La Politique, en prenant l'expression dans le sens élevé que nous lui donnons ici, et, qu'il serait bien temps de lui restituer, la Politique est la *Science de l'Existence, de la Vie des Sociétés, la Connaissance des Lois fondamentales de l'Hygiène du Corps social.*

L'objet du présent écrit est donc la détermination rigoureuse de ces Lois, c'est-à-dire, la fixation des *Conditions régulières de la* Stabilité *et du* Progrès, *de la* Conservation *et du* Renouvellement qui sont les doux faces essentielles de la Vie des Sociétés, et de la Vie de tous les Êtres organisés.

La *Réalisation* de ces Conditions peut seule mettre la Société à l'abri des perturbations politiques, des crises et des convulsions révolutionnaires qui, depuis cinquante années surtout, la secouent avec un effrayant redoublement de violence, et permettre au Corps Social de constituer progressivement et sûrement l'*Organisation parfaite* vers laquelle il doit tendre sans cesse, Organisation dont le caractère serait l'UNION ABSOLUE de l'*Ordre* et de la *Liberté* dans la Société.

Ainsi l'Écrit que nous présentons au Public n'est autre chose que le développement d'une Politique entièrement nouvelle, dans le champ vaste et fécond de laquelle les différents Partis qui se combattent encore aujourd'hui doivent trouver *pleine et entière satisfaction* pour les Principes qui leur mettent à chacun les armes à la main.

Cette politique n'est pas, il faut le bien comprendre, une Politique de *Transaction*, de *Juste-Milieu*, une Politique qui propose aux Partis une sorte de *tempérament* en leur demandant des sacrifices mutuels. La Politique de Transaction, de Tempérament est sans doute préférable aux Politiques violentes, exclusives ; mais une semblable Politique n'est pas une Science ; elle ne résout rien ; elle ne termine rien ; elle ne satisfait pas. Un *système de Transactions* ne constitue pas une Science politique, il en tient la place. Au lieu d'apporter la solution réelle des Problèmes de la Vie Sociale, il tourne autour de ces Problèmes, ou ne leur applique que des expédients.

Il est donc entendu que nous ne demandons pas aux défenseurs du Progrès ou de la Liberté d'abandonner en rien le principe du Progrès ou le principe de la Liberté. Nous ne demandons pas davantage aux partisans de la Stabilité et de l'Ordre de transiger sur les conditions de l'Ordre et de la Stabilité. Nous engageons seulement les uns et les autres à examiner, avec bonne foi, avec intelligence, si les *voies et moyens* que nous proposons pour *réaliser* et *garantir* SIMULTANÉMENT, dans la Société, l'Ordre et la Liberté, la Stabilité et le Progrès, ne vont pas beaucoup mieux que les Voies et Moyens pris par ces différents Partis eux-mêmes, au but respectif que chacun d'eux veut atteindre.

En deux mots, nous exposons une Politique qui offre à la fois, *aux partisans du Progrès*, le moyen d'imprimer aux Améliorations sociales la marche la plus rapide et la plus sûre que l'on puisse concevoir ; et *aux Partis Conservateurs*, le moyen d'enterrer à jamais, dans le Passé, et les Révolutions et l'Esprit Révolutionnaire.

Nous sommes en droit de présenter avec confiance une Politique semblable aux BONNES INTELLIGENCES et aux HOMMES SINCÈRES de tous les Partis. Nous engagerons donc les hommes de cœur, les hommes de Principes, à étudier avec une attention soutenue et sérieuse la courte Exposition de cette *Politique nouvelle et rationnelle*, au triomphe de laquelle ils doivent travailler immédiatement, s'ils veulent réellement le triomphe des grands Principes dont jusqu'à ce jour ils ont poursuivi la réalisation par des voies toujours stériles et souvent sanglantes.

Quant à ceux qui exploitent nos divisions, qui vivent des malentendus et de l'animosité des Partis, qui entretiennent avec zèle nos haines intestines, ceux-là peuvent se dispenser de lire cet Écrit : ils n'y trouveraient rien qui pût leur être du moindre secours dans l'exercice de leur industrie déplorable.

D'après la définition que nous avons donnée de la *Politique* considérée comme Science, on voit que la Politique n'est qu'une des branches de la SCIENCE SOCIALE, celle qui a pour objet l'*État actuel* de la Société, celle qui doit faire connaître à la Société les conditions régulières de son Existence *présente*.

La SCIENCE SOCIALE doit déterminer en outre la nature même des Réformes qui auraient pour objet de faire passer la Société, de l'État présent à une Organisation supérieure [2].

Si donc la SCIENCE SOCIALE doit produire, dans la branche de la Politique proprement dite, les conditions de la *Stabilité* et du *Progrès*, et les appliquer immédiatement à l'État social actuel, elle doit faire connaître encore les conditions organiques des Systèmes sociaux supérieurs à cet état de choses, c'est-à-dire les conditions des Systèmes qui réaliseraient, mieux que le Système présent, les deux grands principes dont l'harmonie absolue serait le signe de la perfection de l'État social, le principe de l'ORDRE et celui de la LIBERTÉ.

Les Principes généraux relatifs au *Progrès*, à la *Stabilité* et à la *Réforme* de la Société n'étant autre chese que les Bases de la SCIENCE SOCIALE elle-même ; le développement de la *Science*

Sociale et la Réalisation des découvertes de cette Science étant, d'autre part, l'objet de l'École fondée par FOURIER et connue aujourd'hui sous le nom d'ECOLE SOCIÉTAIRE : il en résulte que cet écrit, en tant qu'*Exposé des Bases pratiques de la Politique rationnelle et de la Science Sociale*, se trouve être le MANIFESTE DÉ L'ÉCOLE SOCIÉTAIRE ou l'Exposé de la Politique de cette École et de ses Vues fondamentales sur la grande question de l'Existence actuelle et de l'Avenir de la Société.

CHAPITRE PREMIER.
LE PROBLÈME SOCIAL.

I. *But de la Politique rationnelle.*

Une politique se constitue par la connaissance d'un BUT, des MOYENS propres à l'atteindre, et des PRINCIPES sur lesquels reposent ce But et ces Moyens.

Là où il n'y a pas de But déterminé il ne saurait y avoir de Politique dans le sens rationnel et positif du mot.

Le But social le plus élevé et le plus raisonnable qu'il soit possible à l'Intelligence humaine de poursuivre aujourd'hui sur la Terre, c'est la *Réalisation* de l'ASSOCIATION *universelle des Individus et des Peuples, pour l'accomplissement des Destinées de l'Humanité.*

Tel est aussi le But ultérieur de la POLITIQUE RATIONNELLE.

II. *Etat des Choses, et Problème à résoudre par toute Doctrine de Réforme sociale.*

Les hommes sont encore aujourd'hui divisés sur toute la terre par des intérêts d'Industrie, de Classe, de Parti, de Nationalité, etc., qui mettent entre eux, au grand détriment de tous et de chacun, des hostilités et des haines plus ou moins violentes, au lieu de la bonne harmonie qui devrait les unir pour le bonheur commun et pour l'accomplissement des Destinées communes. De telle sorte que, — malgré les progrès merveilleux réalisés pendant les trois derniers siècles par les Nations civilisées de l'Europe, surtout dans l'ordre des Sciences physiques, mathématiques et des procédés techniques de l'Industrie, — l'Humanité demeure encore universellement soumise au RÈGNE DU MAL.

Nous croyons fermement qu'il est au pouvoir de l'homme et qu'il est dans sa Destinée de substituer sur la Terre — que Dieu lui a donnée à gouverner, — le Règne de la Richesse, de la Vérité, de la Justice, de la Paix, du Travail…, en un mot le RÈGNE DU BIEN, au Règne de la Misère, de la Fourberie, de l'Oppression, de la Guerre, de la Dévastation…, en un mot au RÈGNE DU MAL.

Nous croyons fermement que le Mal n'a point une Cause absolue dans la NATURE DE L'HOMME, qui est le Fils de Dieu, et dont les facultés natives sont *données* et *immuables* (quant à leurs conditions essentielles) ; nous croyons, au contraire, que la Cause du Mal réside dans l'imperfection des INSTITUTIONS SOCIALES, lesquelles sont *essentiellement muables* et par conséquent susceptibles d'être améliorées, perfectionnées, ou transformées par l'Intelligence et par la Volonté de l'Homme.

L'ÉTAT SOCIAL, — qui présente déjà tant d'aspects caractéristiquement différents, depuis la Forme appelée *Sauvagerie* jusqu'aux Formes qu'affectent aujourd'hui les *Civilisations* les plus avancées et qu'il serait absurde de considérer comme dernières Formes possibles ; — l'État social est comparable à un MÉCANISME dont les hommes, considérés sous le rapport de leurs facultés actives, sont les FORCES LIBRES, c'est-à-dire les Forces vives ou motrices et plus ou moins intelligentes.

Or, ces Forces libres, vives ou motrices, produisent évidemment, en Bien ou en Mal, des effets très-différents, suivant qu'elles déploient leur Liberté ou leur Activité dans tel ou tel MÉCANISME SOCIAL[3]. Il est donc généralement certain *à priori*, pour nous qui refusons de croire qu'aucun homme soit absolument, nécessairement et fatalement dévolu au Mal par le fait de sa Naissance ou de sa Nature, et il doit être *à priori* certain, sauf *quelques cas exceptionnels*, pour ceux qui croient seulement à l'existence de *quelques* natures fatalement condamnées au MAL par leur organisation, que tous les désordres, tous les vices, tous les crimes, et par conséquent tous les Maux de l'ordre social, pourraient disparaître progressivement en proportion des améliorations que subiraient les Institutions ou, généralement, le Mécanisme social.

24

Il résulte de ce Principe incontestable que l'on peut concevoir l'Homme placé dans un Mécanisme social si heureusement combiné par son intelligence et tellement favorable aux *bons essors* de l'Activité et des Passions humaines que l'Individu, dans ce Système social, aimât *naturellement* ses semblables dont il ne recevrait que des bienfaits, et travaillât *librement et passionnément* au Bien général parfaitement identifié à son *propre Bien*.

Ainsi, dans ce régime supérieur, au sein duquel l'Humanité accomplirait ses Destinées en développant progressivement toutes ses hautes facultés, l'Individu, jouissant de la plénitude de sa Liberté, vivrait dévoué et religieux, et pratiquerait nécessairement [4] toutes les Vertus sociales, puisque, dans ce régime de Vérité et de Justice, la Vertu serait aussi profitable aux intérêts réels de l'Individu eux-mêmes qu'attrayante pour son cœur et pour son intelligence, tandis que le Vice serait aussi défavorable à ces mêmes intérêts qu'il est, de sa nature, hideux et repoussant [5].

Manifestement un tel système serait la Réalisation de la plus haute donnée morale possible dans l'ordre des Réalisations sociales, puisqu'il incarnerait dans la Société humaine, la double Loi supérieure de l'Ordre universel et de la Justice divine, double Loi qui veut, en vue de la réalisation de l'Ordre et du Bien, que *la* Souffrance *ou la* Peine *soit toujours attachée au* Désordre ou au Mal, et que *la* Jouissance ou la Rémunération *soit toujours attachée à* l'ordre *ou au* bien. — Le Bien serait assuré dès qu'il n'y aurait plus de Jouissance ou de satisfaction possible en dehors de ses Voies.

L'État social parfait dont nous faisons l'hypothèse peut donc être conçu comme un Ordre dans lequel les individus, les familles et les classes auraient associé librement leur activité pour produire le Bien de chacun et le Bien de tous ; — par opposition à l'état actuel, très-imparfait, dans lequel les individus, les familles et les classes, retranchés dans l'étroite citadelle de leurs intérêts égoïstes, s'oppriment et se contraignent en luttant misérablement les uns contre les autres, au grand détriment de tous et de chacun, de la Société et de l'Individu.

Mais, d'après ce que nous venons d'établir sur l'influence manifeste du mécanisme des relations dans la Production du Bien ou du Mal par les hommes, il est évident que pour obtenir l'Union universelle des hommes, telle que nous venons de la définir, il ne suffit pas de vouloir cette union, et de la recommander dans des écrits, des livres ou des sermons ; — d'autant plus que l'expérience elle-même démontre que les prédications et les prescriptions de la Morale verbeuse ont été, sont et demeureraient parfaitement impuissantes pour réaliser dans la Société la Morale effective.

Il faut donc, pour réaliser socialement la plus haute donnée de la Morale, c'est-à-dire la Production régulière et universelle du Bien, renoncer à croire suffisants les Procédés de la Morale verbeuse, et rechercher les conditions pratiques de l'Union définitive des Hommes pour la production du Bien, autrement dit, il faut découvrir, *parmi toutes les Formes sociales possibles*, la Forme ou le Mécanisme le plus propre à mettre en parfait accord l'Intérêt individuel et l'Intérêt collectif : en d'autres termes, le plus propre à réaliser sans froissements et sans contrainte l'Association libre et volontaire de tous les membres de la grande Famille humaine.

Il est donc entendu que, les Livres, les Sermons, les Prescriptions et les Enseignements *purement verbeux* de la Morale étant impuissants pour réaliser l'Union des hommes et la Production générale du Bien, il est de la plus haute nécessité de subvenir enfin à la faiblesse de ces Procédés verbeux, et même fallacieux, par des Procédés réels et effectifs.

Or, manifestement et d'après ce que nous avons établi, ces procédés effectifs ne sauraient être que des Institutions sociales ; et la connaissance de ces Institutions ne saurait être fournie que par la Détermination scientifique du Mécanisme social capable de réaliser sur la terre l'Association intégrale et universelle des hommes, telle que nous l'avons définie. La connaissance de ces Procédés effectifs dépend donc de la solution du Problème *de la Meilleure Forme sociale.* En résumé : l'Association intégrale des individus, des classes et des peuples en vue de l'Accomplissement des Destinées humaines et du Bonheur général qui est lié à cet accomplissement ; telle est l'expression la plus élevée du But social que l'Intelligence de l'Homme puisse aujourd'hui se proposer ; telle est aussi l'expression la plus générale du But que nous poursuivons : — Voilà ce que nous établissons formellement en premier lieu.

Et la Nécessité logique de déterminer, pour atteindre ce But, les *conditions rationnelles* ou le *moyen pratique* de cette haute Association des hommes, autrement dit, la Nécessité de déterminer le Mécanisme nouveau capable d'unir et d'accorder les intérêts humains que le Mécanisme actuel *hostilise* : — Voilà ce que nous établissons formellement en second lieu.

Or, nous nous présentons nettement à la Société comme étant possesseurs de ce moyen qui est propre à lui permettre d'atteindre pleinement son But social et de réaliser, même très-facilement, cette haute et libre Association de tous les Membres de la Famille humaine. C'est-à-dire que nous nous présentons à la Société comme ayant la connaissance claire et déterminée du Mécanisme social capable d'accorder et d'unir tous les Intérêts et de développer harmoniquement tous les Droits : — Voilà ce que nous établissons formellement en troisième lieu.

Une affirmation qui attaque de front les présomptions les plus universellement répandues et les plus profondément enracinées, telles que celle de la prétendue impossibilité d'une Réalisation générale du Bien et du Vrai dans la Société ; une semblable affirmation serait un signe manifeste de folie, si ceux qui la produisent n'étaient pas en mesure d'offrir immédiatement à la Société un moyen de Vérification irrécusable, c'est-à-dire un moyen de vérification pris dans les seules bases de Certitude que la Société puisse admettre aujourd'hui.

Nous sommes donc, sous peine d'un aveu de folie auquel nous souscrivons d'avance, dans l'obligation de fournir immédiatement à la Société ce moyen de Vérification irrécusable et par lequel seul elle puisse arriver à savoir : de ses Présomptions enracinées, contraires à notre Affirmation formelle, ou de cette magnifique Affirmation, contraires à ces Présomptions désolantes, qui a tort et qui a raison. Nous avons ainsi, pour sauver notre Raison, à prouver à la Société qu'elle n'a aucun droit actuel de condamnation, ni même aucune compétence pour prononcer, par elle-même et sans le secours de ce Moyen de Vérification, le moindre jugement préalable contre notre Affirmation. — Pour cela faire, nous nous trouvons contraints de prouver à la Société son ignorance absolue dans l'ordre des choses sociales, ignorance qui lui cache jusqu'aux Vérités élémentaires et de simple bon sens qu'elle a le plus grand intérêt à connaître, et sans lesquelles elle reste dans l'incapacité d'assurer sa propre existence. — Ces Vérités élémentaires, dont elle a un besoin si urgent, nous allons donc ici les lui dévoiler.

CHAPITRE II
CONDITIONS DE LA STABILITÉ ET DU PROGRÈS.

I. *Vérification de toute Doctrine de Réforme sociale.*

Évidemment, toute Doctrine de Réforme sociale, de nouvelle Organisation sociale ou de Progrès dans la Constitution de la Société, *postule un changement dans l'État de la Société*, autrement dit, toute Doctrine de Progrès postule la réalisation d'un État Social *encore irréalisé*, mais considéré toutefois comme supérieur aux Systèmes actuellement réalisés, et capable d'améliorer le sort des populations humaines.

Or, l'État ou le Système social qu'une Doctrine quelconque de Progrès suppose, ne saurait évidemment, et dans la plus grande généralité, être réalisé sur le Globe entier, qu'à la condition d'être préalablement réalisé sur les Continents, qui sont les grandes divisions du Globe. De même, il ne saurait être réalisé sur un Continent qu'à la condition d'avoir été réalisé dans les États dont un Continent se compose ; enfin, ce Mécanisme social ne saurait exister dans un État qui est formé de COMMUNES qu'à la condition D'ÊTRE RÉALISÉ DANS CHACUNE DES COMMUNES DE CET ÉTAT.

Il résulte de cette simple observation analytique que *le fait* ÉLÉMENTAIRE ET CAPITAL *de la Solution du* PROBLÈME SOCIAL *pris dans sa plus grande généralité*, n'est autre chose que *la Détermination des conditions de* l'ASSOCIATION *des individus, des familles et des classes* DANS LA COMMUNE, — élément alvéolaire de l'État et de la Société.

(Nous supplions le lecteur de relire avec le plus grande attention les lignes qui précèdent : elles constituent une *révolution complète* dans le domaine des idées sociales et politiques, et sont, à proprement parler, la *Déclaration des Droits* de la Vérité contre les Erreurs, de la Réalité contre les chimères.)

En effet, et sans entrer ici dans tous les développements que comporte cette Donnée nouvelle et fondamentale du Problème de la Réforme sociale, on comprend de prime abord que le Système d'Organisation qui réaliserait dans les Communes l'harmonie des intérêts, des individus, des familles et des classes, réaliserait évidemment cette harmonie dans l'État et en général dans la Société ; et l'on comprend aussi facilement, que toute Théorie prétendue de Réforme sociale, qui ne serait pas propre à réaliser cette Harmonie dans les Communes, serait manifestement impropre à la réaliser dans l'État et en général dans la Société.

Cette Donnée très-simple, qui ramène le Problème social à son véritable élément en ramenant toute Réforme ou en général toute Théorie d'Organisation sociale à la Réforme ou à l'Organisation de la commune, est aussi nécessaire aux intérêts du Progrès social ou de l'Avenir, qu'elle est nécessaire aux intérêts du Présent ou de la Stabilité de la Société : de plus, elle est claire et irrécusable pour l'intelligence. En effet, cette donnée fondamentale, en *rappelant à la question* l'Intelligence humaine, sape par la base toutes les Erreurs révolutionnaires de notre temps. En ouvrant enfin au Progrès social le terrain pacifique et sûr de l'*Expérience*, elle opère, dans l'ordre de ce Progrès, une rénovation analogue à celle que Bacon a opérée dans l'ordre des Sciences physiques, mais bien autrement large, bien autrement féconde, et incomparablement plus importante pour l'Humanité.

Pour être convaincu de ce que nous avançons, il suffit d'observer qu'il résulte de la Donnée très-simple dont nous exposons l'immense valeur, que toute Théorie de Réforme sociale, sous peine de n'être qu'un vain mot, qu'une étiquette sans idée, qu'un prétexte à de vagues déclamations ou à d'absurdes Renversements, doit fournir, AVANT TOUT [6], un PLAN DÉTERMINÉ QUELCONQUE pour une COMBINAISON NOUVELLE DES INTÉRÊTS DANS LA COMMUNE. — Or, si elle remplit cette première condition extérieure et *sine qua non* de *réalisabilité*, cette Théorie de Réforme sociale est évidemment susceptible d'être vérifiée par une MISE EN EXPÉRIENCE qui n'exige que l'étendue moyenne du terrain occupé par une Commune rurale. Cette condition fondamentale de toute Réforme sociale réelle exclut toute tentative sur l'État et tout danger pour la Société existante.

Il demeure donc avéré, en premier lieu, que toute Doctrine de Réforme sociale, à moins de se déclarer elle-même un rêve vague et incohérent, de reconnaître elle-même sa propre *irrealisabilité*, doit posséder un Plan déterminé relatif à une nouvelle organisation de la Commune, Conséquemment cette doctrine devra s'en tenir à demander la VÉRIFICATION EXPÉRIMENTALE ou L'ÉPREUVE LOCALE, en abdiquant ainsi tout caractère actuel de Réforme *politique*[7], c'est-à-dire de Réforme préalable dans la forme constitutionnelle du Pouvoir existant.

En second lieu, — sous peine de flagrante *immoralité* [8], le But de toute Réforme sociale doit être la réalisation absolue de l'Association des individus et des classes dans la Société, ou, au moins, une réalisation de cette Association, plus *avancée et plus complète* que celle qui peut exister dans l'état social que ladite Réforme a la prétention d'améliorer. — De là il résulte incontestablement :

Que le Système nouveau, pour être socialement supérieur au Système existant, et sous peine de confesser lui-même sa propre *immoralité* ou son caractère *antisocial*, doit être de nature à lier et à servir, mieux que le Système existant, les Intérêts et les Besoins essentiels *de* toutes les classes *de la Société*.

Donc, le premier Caractère extérieur de la *Rationalité* ou de la *Réalisabilité* d'une Théorie quelconque de Réforme ou de Progrès social, réside dans la faculté que doit posséder cette Théorie, de pouvoir être soumise à l'ÉPREUVE LOCALE, et vérifiée par l'EXPÉRIENCE, — sans compromettre l'État et la Société existante ;

Et le premier Caractère extérieur de la *Supériorité sociale* d'un Système nouveau sur le Système existant, et, conséquemment, le premier caractère de la *moralité sociale* d'une Doctrine réformatrice, réside dans la faculté, que doit posséder le Système nouveau, DE SE FAIRE ACCEPTER LIBREMENT ET VOLONTAIREMENT par toutes les classes de la Société, en servant et en liant, mieux que le Système existant, les INTÉRÊTS ESSENTIELS de toutes ces classes, — bien loin de jeter entre elles de nouveaux ferments de dissension et de haine, ou d'activer les éléments d'irritation et de guerre intestine qui existent entre elles.

Ces déductions sont incontestables.

II. *Droits et Devoirs de toute Doctrine de Réforme sociale.*

Ainsi, la Faculté de fournir à la Société existante, la vérification de la théorie par l'ÉPREUVE LOCALE, et la Faculté d'*entraîner* l'humanité à la réalisation universelle du Système nouveau par l'IMITATION SPONTANÉE ; tels sont les caractères généraux et extérieurs auxquels nulle Théorie de Réforme on de Progrès social ne saurait renoncer sans se déclarer elle-même absurde, ignorante et immorale ou anti-sociale [9].

Et toute Théorie réformatrice, fondée en Raison et en Vérité, ou ayant au moins le droit de se croire telle, c'est-à-dire toute Doctrine qui se présente à la Société comme lui apportant le plan d'une ORGANISATION SUPÉRIEURE susceptible de Vérification expérimentale par l'ÉPREUVE LOCALE, et qui, loin d'exiger la FORCE (*le Pouvoir politique*, la faculté de *créer et d'imposer la Loi*), ne compte que sur sa propre supériorité, sur ses propres bienfaits, et n'a besoin que de l'Épreuve locale pour se faire réaliser universellement par l'Imitation libre et spontanée ; — toute Théorie réformatrice, qui se présente avec ces deux caractères essentiels de Légitimité, n'a que deux Devoirs à remplir dans la Société existante, et deux Droits à réclamer de cette Société et des Pouvoirs préposés à la conservation de l'État :

1° Le Devoir de se faire connaître à la Société en se produisant dans le *domaine intellectuel,* par tous les moyens de Propagation convenables ;

Le Droit de se faire connaître et de se produire dans ce domaine intellectuel, avec pleine et entière liberté, en se conformant toutefois aux Lois établies dans l'État pour la production publique des idées [10] ;

2° Le Devoir de se soumettre à l'Expérience, en se produisant dans le *domaine des faits* avec les moyens de réalisation qui lui sont propres, c'est-à-dire en obtenant l'Épreuve locale qui peut seule édifier définitivement la Société existante sur la valeur réelle de la Théorie nouvelle ;

Le Droit de réaliser avec une entière liberté, devant la Société, cette EXPÉRIENCE DÉCISIVE, à la condition, bien entendu, que la Théorie nouvelle, dans l'Acte de cette Expérience, n'enfreigne point les prescriptions des Lois *politiques*, des Lois *civiles*, des Lois *religieuses* et des Lois *morales* de la Société, c'est-à-dire à la condition qu'elle se conforme pratiquement aux Règles légalement établies par la Société existante pour maintenir l'Ordre dans son sein.

Ces déductions inattaquables établissent scientifiquement les Conditions extérieures ou les Caractères extrinsèques de légitimité d'une doctrine quelconque de Progrès social ; elles en fixent rationnellement l'action en déterminant l'étendue de ses Devoirs et les limites de ses Droits. Ces déductions fournissent, en outre, les bases de la législation spéciale que l'on pourrait formuler sur la Production des Doctrines, et le principe des institutions qu'il est urgent de fonder pour la Vérification des Théories relatives à la Réforme, et à l'Amélioration ou au Progrès de la Société.

III. *Anéantissement des Doctrines Révolutionnaires par les Principes précédents.*

Ces Vérités, élémentaires et très-simples, dont la découverte, la déduction et la production scientifiques appartiennent à Fourier et à son École (qui a pris le nom d'École Sociétaire), ont, — surtout au sein de l'Anarchie des idées et du Désordre révolutionnaire actuels, — une importance capitale.

En effet, ces Vérités élémentaires, qui sont à la base de la Science Sociale ou de la Science du Progrès réel, et qui, par l'autorité de leur Évidence, s'imposent à la Raison de tout homme comme les Axiomes mathématiques ; ces Vérités suffisent pour opérer, par leur simple Production, l'anéantissement des fausses Doctrines de Progrès, et nommément des Doctrines révolutionnaires. — C'est ce que nous allons prouver.

D'abord n'est-il pas évident que les Gouvernements débordés par l'Esprit Révolutionnaire, s'épuisent en efforts impuissants pour combattre cet Esprit, qui dirige contre eux l'arme très-dangereuse de ses déclamations aussi vagues qu'irritantes sur la Liberté, les Droits du Peuple, la Réforme sociale et le Progrès ? Eh bien, les Gouvernements peuvent, dès aujourd'hui, confondre publiquement toutes les Doctrines subversives et les anéantir sous l'AVEU FORCÉ de leur propre *vacuité*, de leur propre *fausseté* ; et cela, purement et simplement, EN LES SOMMANT de produire leurs prétendues Théories de Réforme sociale et de Progrès, et, spécialement leurs Plans d'Organisation susceptibles d'être mis à l'Épreuve locale devant la Société, et de provoquer l'Imitation spontanée dans l'humanité.

Il est incontestable que la simple MISE EN DEMEURE de PRODUIRE QUELQUE CHOSE, publiquement et officiellement signifiée au nom du Progrès par les Gouvernements à tous leurs ennemis, c'est-à-dire à tous les Partis Révolutionnaires, confondrait et anéantirait À L'INSTANT MÊME tous ces Partis. Et, en effet, n'est-il pas certain que tous les membres de ces Partis n'étant liés que par que par une commune *Négation*, ces Partis n'existent et n'ont de force que dans la voie de la Négation ou du Renversement, et qu'ils seraient amenés à S'IMPOSER SILENCE À EUX-MÊMES aussitôt que les Gouvernements les sommeraient, au nom du Progrès et des Réformes sociales dont ils font tant de bruit, de produire seulement une AFFIRMATION SOCIALE DÉTERMINÉE quelconque, et à plus forte raison une Affirmation susceptible d'affronter l'épreuve de l'EXPÉRIENCE LOCALE et de l'IMITATION SPONTANÉE ?

En outre, cette *confusion* dont seraient subitement couvertes les Doctrines révolutionnaires, et le *silence* auquel seraient réduits leurs fauteurs en face de l'Énigme du PROGRÈS RÉEL, nettement proposée par les Gouvernements dans ses conditions d'évidente Rationalité, ouvriraient à l'instant les yeux à tous les hommes INTELLIGENTS ET HONNÊTES, qui sont très-nombreux dans ces Partis. Ces hommes généreux, reconnaissant qu'ils ont été victimes d'une illusion extrême en croyant que les Doctrines révolutionnaires recèlent le Progrès, s'empresseraient de passer du camp du FAUX PROGRÈS ou de la Politique révolutionnaire, au champ du PROGRÈS RÉEL ou de la SCIENCE SOCIALE, c'est-à-dire de l'Agitation à l'Étude, de la Querelle à la Discussion, de la Conspiration à la Recherche, de l'Émeute à l'Expérience.

Mais il n'est guère probable que les Gouvernements, et particulièrement le Gouvernement français actuel, prennent de quelque temps encore cette initiative de haute attaque, au point de vue du Progrès réel et de ses conditions essentielles, contre les Doctrines révolutionnaires ; et cela, par la raison, pour ce dernier

Gouvernement en particulier, qu'il a lui-même une origine révolutionnaire. En effet, ce Gouvernement est issu du Libéralisme ; et le *Libéralisme*, avorton du Génie révolutionnaire, ne tendait à rien de moins qu'à la destruction de tout Pouvoir directeur dans la Société, ainsi qu'il appert de ses actes et notamment de sa fameuse maxime que *les Gouvernements sont des ulcères qu'il faut* RÉDUIRE *autant que possible.* Ce Gouvernement se trouve donc, par la nature même de son origine et parles principes de ses hommes d'État ou prétendus tels, réduit au rôle inférieur d'une simple agence administrative, faisant, au jour le jour, avec plus ou moins d'habileté et d'honnêteté, mais toujours sans aucun Principe de Direction et sans aucun But Final, un service purement routinier. Si bien que les prétendus hommes d'État qui sont le plus en affinité avec l'origine libéraliste ou avec le principe révolutionnaire d'où ce Gouvernement est sorti [11], sont précisément ceux qui tendent le plus naïvement et le plus directement à réduire le rôle du Gouvernement à cette pure et simple trituration plus ou moins habile des affaires. Il suit de là que, ayant parqué le Pouvoir dans la Sphère *purement pratique* des faits réalisés, et ayant abdiqué, avec un risible mépris, au nom de leur étroit esprit pratique, toute Direction, et même toute intervention dans la Sphère des *Faits intellectuels* et des *Idées*, ces hommes d'État sont forcément conduits à ne savoir et à ne pouvoir combattre les Idées et les Doctrines les plus erronées (et par conséquent les plus subversives), que par les seules réactions de la Force matérielle et brutale. — Or, les moyens de la Force brutale sont attentatoires à la Dignité de l'Intelligence humaine et très-compromettants pour les Gouvernements qui s'en servent…

Ainsi, à cause des antécédents, des habitudes et des préjugés de ces hommes d'État, et à moins d'un subit et intelligent retour, il n'est guère permis d'espérer que le Gouvernement français prenne bientôt la haute initiative du Progrès social, par la PROMULGATION OFFICIELLE ET SOLENNELLE des *Conditions scientifiques ou rationnellement impératives* de ce Progrès, et par la traduction de ces Conditions scientifiques, en INSTITUTIONS POLITIQUES [12] Il est peu probable que ce Gouvernement, sommant du haut de cette position les Partis révolutionnaires et toutes les prétendues Doctrines de Progrès de Produire publiquement ce qu'elles peuvent avoir de présentable à l'épreuve de la *Vérification locale* et de l'*Imitation spontanée*, réalise aujourd'hui lui-même ce glorieux ANÉANTISSEMENT GÉNÉRAL ET SUBIT des Doctrines révolutionnaires.

Mais heureusement, à défaut de la haute habileté qu'il y aurait de la part du Gouvernement à opérer dès aujourd'hui l'Anéantissement immédiat et absolu des doctrines révolutionnaires dans la Société, et à fonder inébranlablement la STABILITÉ intérieure de l'État sur les principes naturels du PROGRÈS ; heureusement, et comme nous l'avons déjà dit, ces principes possèdent eu eux-mêmes, par leur Évidence Inconditionnelle, et indépendamment du secours de tout Pouvoir de Fait, une AUTORITÉ ABSOLUE sur la Raison humaine. La Raison n'est pas plus libre de se soustraire à l'autorité de ces principes qu'à l'autorité absolue d'une Vérité mathématique quelconque, lorsqu'elle a vu cette Vérité clairement, et face à face. D'où il suit que la simple Promulgation et la Vulgarisation, par l'École sociétaire, de ces Conditions essentielles et évidentes du Progrès social, suffiront pour opérer, plus ou moins rapidement mais INFAILLIBLEMENT, dans la Société, l'Anéantissement des doctrines révolutionnaires et de toutes les doctrines de *Faux Progrès*. Ces principes en effet donnent à chacun, pour la Vérification immédiate de toutes les Doctrines qui peuvent se présenter, une véritable PIERRE DE TOUCHE qui détermine, avec la plus grande facilité, *s'il est possible* que telle Doctrine soit vraie ou *s'il est certain* qu'elle est fausse, et qui, en outre, renvoyant en dernier ressort toute Doctrine qui *peut être bonne*, à la décisive Épreuve de l'Expérience locale et de l'Imitation spontanée, condamne ainsi *à priori* toute prétendue Doctrine de Progrès affectée du caractère révolutionnaire, ou privée du caractère scientifique.

Or, il est incontestable que si des Partis, et nommément les Partis révolutionnaires peuvent se fonder et se fondent en effet sur des doctrines fausses et immorales ou anti-sociales, aucun Parti cependant n'existe et ne pourrait exister, ayant la *conscience claire* de sa fausseté et de son immoralité. Bien plus, il est certain que, si les Partis révolutionnaires sont dangereux, c'est précisément en raison de la forte croyance qu'ils ont dans la Légitimité de leurs Doctrines, c'est-à-dire en raison de leur réelle bonne foi politique : car la violence de la passion, du moins pour l'immense majorité des membres de ces Partis, est toujours proportionnelle à l'énergie du sentiment qu'ils ont de leur Bon Droit et de la Justice de leur cause. Ces Partis comptent dans leur sein les cœurs les plus chauds, les natures les plus généreuses.

Donc, la simple vulgarisation des principes que nous venons de faire connaître, *en donnant à ces Partis la Conscience* de la fausseté de leurs doctrines de Négation et de Renversement, anéantira infailliblement celles-ci au profit des Doctrines positives d'Organisation.

IV. *Déclaration de l'indépendance et de la supériorité de l'École Sociétaire.*

Nous venons de faire connaître les Conditions très-simples de la STABILITÉ et du PROGRÈS ; nous avons donné aux Gouvernements le moyen de détruire tout esprit révolutionnaire en inaugurant une INSTITUTION qui serait la garantie du Progrès social ; de plus, nous avons prouvé que l'École Sociétaire, en vulgarisant la connaissance des Conditions Élémentaires de toute Réforme réelle dans la constitution de la Société, amènera infailliblement, à défaut de l'initiative des Gouvernements, l'ère du Progrès régulier et de la Stabilité [13] consentie et inébranlable.

Eh bien ! où en était la Société relativement à la science de la Stabilité et à la science du Progrès, avant les communications faites sur ce sujet par l'École sociétaire ? — Le voici :

D'une part, les plus ardents amis du Progrès (dans une Société pressée et tourmentée par le plus urgent besoin de Progrès social qu'on ait jamais ressenti sur la terre), restaient dans la plus profonde ignorance des Conditions, mêmes les plus simples et les plus élémentaires du Progrès, — D'autre part, dans cette Société (profondément ébranlée par les plus terribles Révolutions politiques, et menacée de Révolutions sociales bien plus terribles encore, les plus ardents amis de la Stabilité ignoraient absolument les Conditions les plus élémentaires de la Stabilité.

Or, la Stabilité et le Progrès étant les deux données fondamentales de toute spéculation concernant la Société, son existence et sa vie, il demeure établi clairement que la Société, antérieurement aux communications de l'École sociétaire, vivait dans l'ignorance profonde des principes les plus simples et des données les plus élémentaires de la Science politique et sociale.

Il résulte naturellement de là qu'une Société qui, dans l'ordre des faits sociaux, pousse l'ignorance jusqu'à méconnaître les conditions les plus élémentaires de sa Stabilité et de son Progrès ; qui, faute d'avoir déterminé et promulgué chez elle ces conditions, ne tend au Progrès que par les voies sauvages, odieuses et rétrogrades des Révolutions, et ne sait garantir sa Stabilité que par les voies barbares, brutales et provocatrices des Répressions ; une Société qui ne connaît pas même, comme le plus humble des animaux, ce qu'elle doit faire pour assurer son existence du jour ! une telle Société est et demeure évidemment DÉPOUILLÉE DE TOUT DROIT ET DE TOUTE COMPÉTENCE pour juger *à priori*, par elle-même, et autrement qu'à l'aide du CRITÉRIUM que nous venons de lui donner, quelque Proposition et quelque Affirmation que ce soit, relatives à la Science sociale. À plus forte raison donc, une telle Société ne saurait être reçue à faire prévaloir ses Présomptions, purement empiriques et routinières, contre une Doctrine qui, déjà, rend publiquement, sur son caractère scientifique de Vérité, le plus imposant Témoignage.

En effet, par la FIXATION CERTAINE des Conditions de Légitimité de toute proposition de Réforme sociale, cette Doctrine donne à la Société la faculté, certes bien imprévue, de réaliser — sans aucune violence, et par la toute puissance d'une Conception ou d'un *Fait intellectuel*, — l'ANÉANTISSEMENT SUBIT ET VOLONTAIRE des Doctrines et des Partis révolutionnaires.

Bien plus, si l'on observe le piteux état de cette Société, les affreuses misères qui la rongent, les vices qui l'empoisonnent, les crimes qui chaque jour la déciment, les grands dangers qui la menacent et l'Incertitude à laquelle elle est universellement en proie ; si l'on observe que l'Aveu de la nécessité d'un *changement d'état* ou d'une Réforme sociale sort implicitement ou explicitement de toutes les bouches[14] ; — s'il est avéré que, — au milieu de ces maux présents et terribles, de ces dangers immenses, de ce trouble général des esprits, et devant cet *appel universel à un ordre de choses inconnu*, — l'École sociétaire SEULE présente une Solution, un Système déterminé, immédiatement vérifiable par l'Expérience locale et par l'Imitation spontanée ; qu'ainsi, cette École SEULE répond, par une proposition revêtue des indispensables caractères de la Légitimité, de la Possibilité et du Bon sens, à cette incessante invocation d'un *état inconnu* : et s'il est avéré que cette Société refuse la vérification très-simple, très-facile et très-calmante, de ce seul Remède offert à ses lamentables invocations ; qu'elle ne veut pas même examiner ce Remède ; qu'elle aime mieux en rester à ses saturnales politiques et morales, à ses honteuses aberrations intellectuelles, à ses misères littéraires, industrielles et parlementaires ; qu'elle se complaît ainsi dans sa corruption et sa gangrène, tout en continuant à invoquer misérablement et lamentablement un Remède à ses plaies effrayantes ; ne sera-t-on pas forcé de reconnaître que cette Société, considérée dans son ensemble, est réellement atteinte de vertige, d'imbécillité ou de folie ?

Et que sera-ce donc si une pareille Société, continuant toujours à pousser ses lamentations impuissantes et ses risibles invocations d'un *Remède inconnu*, a traité de Fou et indignement jeté dans la fosse, sous les huées, les sarcasmes et les injures, le SEUL HOMME qui lui ait présenté un Remède DÉTERMINÉ ET VÉRIFIABLE ; — repoussant et bafouant ainsi cet homme, non point à cause de la nature du Remède par lui proposé (remède qu'elle n'a ni vérifié, ni seulement examiné !), mais purement et simplement *parce que cet homme*, répondant aux cris de douleur de ses frères, *annonçait et proposait* un Remède !!

Ainsi donc, vu l'IGNORANCE de la Société actuelle, non-seulement en tout ce qui concerne son Avenir, mais encore en tout ce qui concerne les Conditions les plus élémentaires de son Existence présente ; vu, d'autre part, le Témoignage que l'École Sociétaire fournit du caractère scientifique de ses Doctrines sociales et de la sûreté de sa Raison en révélant à la Société les garanties certaines de la Stabilité et du Progrès, — cette École est en droit de dénier absolument à cette Société toute compétence à prononcer le moindre jugement contre la Théorie sociétaire, avant que l'EXPÉRIENCE ait appris à cette Société ce qu'elle peut et ce qu'elle doit penser de cette Théorie.

De plus, nous sommons ici tout homme qui ne veut point rester complice et solidaire de l'égoïsme, de la légèreté et de la folie générale, tout homme qui conserve au fond du cœur le sentiment social et l'amour de ses Frères malheureux. Nous sommons tous ceux qui désirent sérieusement que l'on substitue enfin à une Société ridicule et infâme un Ordre de choses plus conforme à cet amour du Juste, du Vrai, du Bon et du Beau, que tout Être Humain apporte en naissant dans son âme, et que la Société actuelle brise indignement au contact de ses réalités immorales et difformes. Nous sommons enfin tout homme intelligent, honorable et sincère, de dépouiller immédiatement et complètement les Opinions incertaines, indéterminées et illégitimes qu'il peut avoir consciencieusement nourries jusqu'à ce jour, de déclarer formellement la nécessité urgente d'une Réforme sociale ; et, comme conséquence obligée de cette déclaration, de proclamer la Nécessité de mettre en Expérience le seul et unique Plan de Réforme qui s'offre aujourd'hui à la vérification de l'Épreuve locale et de l'Imitation spontanée.

Nous ajoutons que pour tout homme qui a compris l'ensemble des Principes et des Déductions que nous venons d'établir, c'est un DEVOIR IMPÉRIEUX d'entrer dans la seule voie légitime de PRODUCTION DU BIEN SOCIAL qui soit ouverte devant lui ; et cela, en nous aidant, par tous les moyens dont il peut disposer sans compromettre ses autres devoirs, à atteindre notre But, qui est l'Expérimentation locale de la seule Théorie de Progrès ou de Réforme qui puisse être *présumée réalisable* et qui se présente avec un caractère de Légitimité rationnelle et morale. — Nous spécifions positivement, en outre, qu'un tel concours ou apport de moyens (qui suppose, il est vrai, la foi à notre moralité) ne dépasse la sphère du Devoir social pour devenir un Dévouement social, que quand il entraîne de la part de l'individu des Sacrifices notables dans sa fortune, dans sa position ou dans ses jouissances habituelles.

Ainsi l'École Sociétaire est loin de se prosterner humblement devant l'*Opinion publique* ; elle est loin de flatter et cajoler indignement cette Opinion anarchique, incohérente et incapable, comme le font la plupart des Organes des Partis, comme le font ces hommes égarés et ces vains ou ambitieux *Coureurs de Popularité* qui s'efforcent de persuader à cette Opinion anarchique et ignorante que, seule, *par son incohérent Suffrage universel*, elle serait capable de *produire la vraie Réforme*, c'est-à-dire d'*improviser et décréter* la

Science sociale. — Au lieu de s'agenouiller devant une telle Opinion publique, l'École Sociétaire, interpellant directement la Raison individuelle de tout homme intelligent et sincère, et lui montrant dans cette Opinion, *plus morcelée et plus contradictoire que jamais*, les caractères formels de la Déraison sociale et du Faux, déclare ignorante et incapable en matières sociales cette orgueilleuse Opinion du Siècle ; et enseigne que le premier effort vers la Vérité consiste à s'affranchir du joug de cette Opinion divisée contre elle-même, qui n'a ni principe commun, ni but commun ; et qui ne sait absolument ni ce qu'elle veut ni où elle va…

Nous pouvons maintenant, et en nous résumant, fixer en peu de mots la position de la Doctrine Sociétaire vis-à-vis de toutes les Doctrines contemporaines, — politiques ou sociales.

Du côté de la Stabilité. — La Doctrine Sociétaire, en faisant connaître ces vérités si simples : 1° Que toute Réforme sociale, pour être *réalisable*, doit pouvoir être *expérimentée* sur le terrain d'une Commune ; 2° que pour être *bonne*, il faut qu'elle soit de nature à être *imitée spontanément* par la Nation et par l'Humanité ; 3° que tout Gouvernement peut et doit donner lui-même à la Société la Garantie du Progrès par la création du Ministère des Progrès industriels et des Améliorations sociales ; la Doctrine Sociétaire, disons-nous, par la simple promulgation de ces Conditions générales de la Stabilité et du Progrès, donne déjà, à la Stabilité, des garanties infiniment plus puissantes que ne lui en aient jamais offert et que ne lui en aient même jamais soupçonné ses partisans les plus sages et notamment les Gouvernements — qui sont préposés à cette Stabilité. Et en effet ces Principes sont tels, que leur vulgarisation seule suffira pour anéantir l'Esprit révolutionnaire.

Du côté du Progrès. — La Doctrine Sociétaire ne fît-elle que poser la question du Progrès social dans ses véritables termes, préciser le But, dévoiler le point d'attaque du Problème et fixer avec une Certitude absolue les conditions logiques et morales de la *Vérification* et de la *Réalisation* pratique de toute Réforme désirable dans la Constitution intime de la Société ; — Cette Doctrine, disons-nous, donnerait déjà au Progrès, par ces seuls préliminaires, des garanties infiniment plus solides que ne lui eu aient jamais offert et que ne lui en aient même jamais soupçonné ses plus bouillants partisans. — Ces Principes sont tels, en effet, qu'ils ne sauraient être vulgarisés sans forcer les Gouvernements à créer l'Institution qui garantirait le Progrès, et sans conduire l'Intelligence publique à s'occuper des recherches et des expériences qui imprimeraient à la Société l'impulsion la plus rapide.

Il suit incontestablement de là que lu Doctrine Sociétaire est placée :

Dans la sphère des Intérêts et de la Science de la Stabilité, Fort au-dessus de tous les Partis Conservateurs et des Gouvernements eux-mêmes ;

Et dans la sphère des Intérêts et de la Science du Progrès, fort au-dessus de tous les Partis progressistes.

D'où il suit que l'École qui professe cette Doctrine, loin de relever de l'Opinion et de l'Autorité d'aucun Gouvernement, d'aucun Parti conservateur, ou d'aucun Parti progressiste, aborde au contraire d'Autorité supérieure ces Gouvernements et ces Partis.

Il y a plus, c'est que, — du moins en ce qui concerne les principes inconditionnels de la garantie du Progrès et de la Stabilité, à l'Évidence desquels nul n'est libre de se soustraire, — cette École a déjà le droit de dire qu'elle impose, d'Autorité absolue, sa Doctrine, à ces Partis et à ces Gouvernements.

V. *Les Principes de la Doctrine Sociétaire excluent absolument l'Orgueil.*

Pour prévenir les accusations des esprits légers dont le propre est de prononcer sur la Forme sans aller au Fond, remarquons immédiatement qu'il ne serait pas moins absurde, en s'arrêtant à une fausse apparence, de voir, dans la présente Déclaration de l'indépendance et de la supériorité de l'École Sociétaire, un caractère d'Orgueil que d'y voir un caractère révolutionnaire.

En effet si, dans la région absolument scientifique où la placent ses propres principes, l'École Sociétaire est réellement en dehors et au-dessus de l'autorité des Gouvernements, c'est précisément parce qu'elle est *plus* et *mieux conservatrice* ou *anti-révolutionnaire* que ces Gouvernements eux-mêmes ; puisque, d'une part, dans la sphère des faits pratiques, les Principes fondamentaux de cette École impliquent une soumission volontaire et complète aux Lois qui régissent l'ordre pratique et l'action des Gouvernements chargés de le maintenir ; et que, d'autre part, dans la sphère des faits moraux et intellectuels, elle donne à la Société des garanties décisives de Stabilité que n'ont pas su jusqu'ici lui donner ces Gouvernements, — dont, cependant, la fonction capitale consiste à garantir la Stabilité de la Société, et qui tirent même de cette fonction leur principal caractère de Légitimité.

Semblablement, si l'École Sociétaire se trouve placée en dehors et au-dessus de tous les Partis, c'est précisément parce que, seule et par ses données fondamentales elles-mêmes, elle renonce absolument au *Principe d'Orgueil*, c'est-à-dire parce qu'elle renonce à tout moyen illégitime de faire dominer ses idées, et se soumet exclusivement à la Domination de la Vérité. En effet, seule encore et par la nature même de ses principes, cette École s'interdit, pour la Réalisation de ses propres Vues sociales, toute voie autre que celle de la démonstration scientifique, de la Vérification expérimentale, et de l'Imitation spontanée : c'est-à-dire, — toute voie autre que l'appel à la Raison *théoriquement* éclairée de chaque individu, et à la Volonté *pratiquement* éclairée et *absolument libre* de la Société. La Doctrine Sociétaire a donc, il est vrai, avec chacun des Partis, cela de commun, qu'elle taxe d'erreur les vues qui ne sont pas conformes aux siennes ; mais elle se sépare tranchement de tous ces Partis en ceci que, loin de vouloir, comme chacun d'eux, établir dans la Société, *par le Pouvoir*, la Domination de ses idées, elle apporte un *Criterium* irrécusable dont le Caractère est de ne laisser passer et dominer que ce qui est bon, vrai et légitime, soumettant elle-même à ce *Criterium* la décisive Vérification et la Réalisation ultérieure de ses propres vues sociales.

Ainsi, d'un côté, la Doctrine Sociétaire est essentiellement un fait de SAVOIR, c'est-à-dire qu'elle ne peut être réalisée qu'autant que la Société sera parvenue à *savoir* que cette Doctrine est bonne, et à *vouloir* librement en réaliser les Plans déterminés et expérimentés. Ce caractère même est tel que, si cette Doctrine était maîtresse du Pouvoir, manifestement elle ne pourrait l'employer qu'à la Vérification locale de ses vues, et non à leur Généralisation forcée par la Loi. — D'un autre côté, tous les Partis demandent le Pouvoir pour appliquer à la Société et au gouvernement de l'État leurs Idées vagues et *inexpérimentales*, Idées qu'eux-mêmes, arbitrairement et contrairement à tous ceux qui ne sont pas de leur opinion, ils décident être les meilleures. Comment ces Partis seraient-ils donc reçus à accuser d'*Orgueil* la seule Doctrine qui, par la nature même de ses Principes, soit entièrement à l'abri de toute imputation de tendance à l'établissement d'une Domination illégitime et arbitraire de ses Idées, et qui peut avec pleine raison porter cette accusation contre eux tous ?

Nous ferons observer, en outre, que chaque Parti ne se contente pas de décider par lui-même, et sans soumettre sa décision à aucune Vérification scientifique, que ses opinions sont la Vérité, et que les opinions des autres sont l'Erreur. Généralement ces Partis décident encore que leurs adversaires sont des hommes de *mauvaise* foi, et ils les attaquent publiquement comme tels avec une violence extrême. Or l'École sociétaire reconnaît et professe que la presque totalité des hommes qui composent les différents Partis sont de *bonne foi*, et qu'ils restent dans l'Erreur *parce qu'ils n'ont pas conscience* de la Fausseté ou de l'Immoralité sociale de leurs Doctrines. Aussi les critiques et les attaques dirigées par l'École sociétaire contre les Partis sont-elles et peuvent-elles légitimement être d'autant plus énergiques que, portant sur de fausses Croyances et sur des Prétentions illégitimes, elles respectent toujours le caractère de Bonne Foi des hommes qui forment la masse de ces Partis.

Ainsi, sans craindre que les esprits sérieux et justes taxent d'Orgueil notre énergique et légitime défense de ce que nous croyons vrai et bon, contre ce que nous démontrons être faux et malfaisant, nous sommes en droit de répondre aux accusations sans nombre et sans mesure qui ont été portées contre notre Doctrine par les ignorantes et orgueilleuses Opinions de notre temps, que la Doctrine sociétaire, avant même d'entrer sur son propre terrain d'Avenir ou de Réforme sociale, et en restant encore sur le terrain des Principes de Conservation et de Progrès, où se trouvent présentement les différents Partis, établit et constate déjà sa Supériorité formelle sur tous ces Partis.

D'où il résulte clairement que, tout en conservant un Doute philosophique et légitime sur la valeur intrinsèque de la Réforme sociale proposée par l'École sociétaire, et tout en attendant, pour cesser de douter, qu'une Épreuve décisive prononce sur cette proposition de Réforme, aucun homme sincère, engagé jusqu'ici dans les rangs des Partis qui professent l'*amour* de la *Stabilité*, ou l'*amour du Progrès*, ne saurait, en vertu même des sentiments qui l'ont poussé dans tel ou tel de ces Partis, refuser de reconnaître l'Insuffisance ou l'Illégitimité des vues de ces Partis, et de se rallier aux Principes fondamentaux de l'École sociétaire touchant les conditions générales et présentes de la Stabilité et du Progrès.

Bien loin donc de vouloir imposer arbitrairement et orgueilleusement nos vues à la Société, nous conjurons tout homme sincère d'examiner sérieusement et loyalement nos Principes ; et, si nous sommons les hommes de tous les Partis de se rallier à nous, ce n'est point au nom d'une ridicule prétention de Supériorité personnelle, mais au nom de la Supériorité même des Principes que nous soumettons au tribunal de la Raison individuelle de chacun des membres de ces Partis, et au nom des bons sentiments dont nous supposons généralement doués les hommes qui militent dans leurs rangs.

De même, si, pour répondre aux étranges imputations d'Utopie, de Folie, et même d'Immoralité, qu'une Société, convaincue d'Ignorance dans la Science des faits sociaux, adresse quelquefois encore à une Théorie de Réforme sociale qu'elle ne connaît pas, nous lui dénions le droit de juger arbitrairement et orgueilleusement cette Réforme, sans Examen et sans Vérification, ce n'est pas que nous prétendions lui imposer nous-mêmes arbitrairement et orgueilleusement cette Réforme. Au contraire, et *seuls encore jusqu'ici*, nous proclamons et nous démontrons que le Signe décisif de la Légitimité de toute Réforme sociale, et en particulier de celle que nous proposons, ne saurait être que l'Acceptation volontaire de cette Réforme par la Société, à vue d'Expérience.

Ainsi, d'un côté, les Partis visent à faire triompher leurs idées, leurs hommes ou leurs passions, en les imposant à la Société *par le Pouvoir* dont ils se disputent le maniement : de l'autre côté, l'École sociétaire vise à faire vérifier ses vues *par l'Expérience* et à mettre simplement la Société en état de les réaliser, SI l'Expérience en démontre la bonté.

Cessez donc de nous accuser de déraison, de folie, de sottise, d'orgueil et même d'immoralité, ô vous qui ne nous avez point épargné jusqu'ici ces accusations mal fondées ! Et Vous, hommes justes et sincères de toutes les Classes et de tous les Partis, à qui nous faisons indistinctement appel, rendez-vous à la Vérité, ralliez-vous à nos Principes, et acceptez la main que nous vous tendons incessamment à tous, quand même nous attaquons très-énergiquement vos Erreurs ! Hommes justes et sincères, venez défendre avec nous les Intérêts, liés intimement entre eux, de la Stabilité et du Progrès, qui sont les Intérêts mêmes de la Société ! Reconnaissez avec nous, comme FOURIER nous l'a fait reconnaître, que toute Réforme capable d'améliorer le sort des hommes qui souffrent des conditions de la Société actuelle (et tous en souffrent misérablement, depuis le Monarque jusqu'au Prolétaire), ne peut avoir rien de commun aujourd'hui avec la Politique proprement dite, avec ses dangereuses Réformes et ses délestables querelles [15] ! Enseignez avec nous, à tous les hommes vraiment dévoués au triomphe de la Justice sociale et des Droits imprescriptibles de de l'Humanité, que les Doctrines révolutionnaires, en irritant toutes les Classes les unes contre les autres, en fomentant la haine, la lutte et le désordre dans la Société, éloignent toute Réforme intelligente et efficace, loin d'en préparer les voies, puisqu'elles éloignent non-seulement les Expériences pacifiques auxquelles est subordonnée la Réalisation de toute véritable Amélioration sociale, mais encore les Études scientifiques des conditions de toute Réforme de cet ordre.

Et Vous, — qui gouvernez les Peuples, et qui, en principe, avez raison de maintenir l'Autorité des Lois et de vous opposer aux efforts révolutionnaires, — par la Promulgation des Principes exposés dans le présent Manifeste, nous vous mettons en demeure, devant l'Humanité, de conjurer les Révolutions en prenant en main vous-mêmes la cause du Progrès social ! Songez en outre que, faute à vous d'accomplir ce Devoir élevé, vous vous rendiez complices des Révolutions qui menacent de vous précipiter du Pouvoir et de bouleverser de nouveau la Civilisation européenne !

Victor Considèrant

VI. *État des Idées et des Partis. Accusations contradictoires.*

Jusqu'ici, remarquons-le, nous n'avons aucunement fait connaître en quoi consiste l'Hypothèse sociale de Fourier, c'est-à-dire le Système spécial et déterminé d'Organisation sociale que l'École sociétaire propose pour remplacer l'État de Choses actuel : Nous nous sommes bornés à établir les Caractères généraux et *sine quibus non* de Légitimité de toute Doctrine qui annonce la prétention de changer et d'améliorer l'état de la Société. En outre, nous avons démontré que la simple Production des Principes fondamentaux de la Stabilité et du Progrès place l'École sociétaire dans une région éminemment légitime et positivement supérieure à celles où s'agitent encore tous les Partis.

Dès aujourd'hui donc les Progressistes sincères et les Conservateurs intelligents de tous les pays doivent se rallier au principe de cette École, en reconnaissant qu'au lieu de combattre vainement sur le terrain dangereux des Réformes dans la constitution du Pouvoir, ils sont tenus :

1° De se porter sur le terrain pacifique de la Réforme sociale de la Commune ;

2° De reconnaître la Vérification expérimentale et l'Imitation libre ou spontanée comme le *Criterium* du Progrès en fait de Constitution de la Société ;

3° De réclamer des Gouvernements la création d'un Ministère chargé d'*exciter*, de *diriger*, de *discuter* et de *vérifier par l'Expérience* les Inventions et les Propositions relatives aux Progrès industriels et aux Améliorations sociales.

Il est donc bien établi que, loin de se séparer de la Société qu'elle a la prétention de transformer, loin de se retirer du monde vivant qu'elle veut conquérir, loin de s'isoler et de s'abstraire dans son monde encore irréalisé, l'École sociétaire se rattache aux sentiments les plus actifs de cette Société, qui sont le besoin de la Stabilité et le besoin du Progrès, et que, s'interposant entre les Partis, et leur enseignant les conditions actuelles de la Stabilité et du Progrès, cette École, avant toute justification théorique ou pratique de la Réforme particulière qu'elle propose, fait déjà une œuvre éminemment sociale, et propre à lui donner créance immédiate et Autorité légitime dans le Milieu existant [16].

Examinons en peu de mots l'état de ce Milieu :

En dehors de l'École sociétaire, l'Opinion publique se divise aujourd'hui en trois catégories bien distinctes :

1° *Le Parti de la Conservation*, qui représente *simplement* le besoin ou le sentiment de la *Stabilité*, et qui ignore les Conditions de la Stabilité ;

2° *Le Parti du Mouvement*, qui représente *simplement* le besoin ou le sentiment du *progrès*, et qui ignore les Conditions du Progrès ;

3° Enfin, un troisième Parti qui est en voie de se former et qui grandit chaque jour sous l'influence générale des Principes de l'École sociétaire. Ce Parti, qui a reçu de l'École sociétaire elle-même le nom de *Parti social*, et qui se recrute des hommes les plus raisonnables et des intelligences les plus cultivées des deux autres Partis, représente, en mode *composé*, le Besoin de la *Stabilité* et le Besoin du *Progrès* ; mais il ignore généralement encore les Voies et Moyens scientifiques de la satisfaction de l'un et de l'autre besoin.

Les Sentiments encore *vagues* et les Doctrines encore *incertaines* de ce Parti sont la transition des Sentiments *incomplets* et des Doctrines *négatives* ou *fausses* des deux premiers Partis, aux Sentiments *composés* et *complets*, et aux Doctrines *positives* fixes de l'École sociétaire. Les deux premiers Partis se combattent violemment sur le terrain de la Politique et du Pouvoir, ou le Parti du Mouvement est *agresseur*.

Le troisième Parti condamne l'*agression*, invoque la trêve entre les deux Partis hostiles, et cherche à s'établir sur le terrain du Progrès pacifique dont il ne connaît pas les conditions fondamentales.

Victor Considerant

Quant à l'École sociétaire, elle s'établit avec autorité sur le terrain de la Réforme sociale, au nom de la Stabilité et du Progrès dont elle fait connaître les conditions réelles. L'École sociétaire occupe donc, par rapport aux trois Partis existants au-dessous d'elles, une position très-déterminée : sa tâche consiste à développer le sentiment du Progrès chez les hommes de la Conservation, le sentiment de la Stabilité chez les hommes du Mouvement, et à faire connaître aux hommes de ces deux catégories ainsi qu'à ceux du Parti social les *Conditions* positives *de la Stabilité et du Progrès.*

L'ignorance de ces conditions est la cause fondamentale de l'Hostilité des deux premier Partis ; cette importante proposition est facile à démontrer.

Ne tombe-t-il pas sous le sens, en effet, que les Conservateurs les plus étroits eux-mêmes ne sauraient être les ennemis du Progrès réel, c'est-à-dire les ennemis des Améliorations sociales pacifiques qui seraient favorables aux Intérêts de toutes les classes et qui assureraient la Stabilité de la Société ? Et n'est-il pas évident au même degré que les Révolutionnaires qui attaquent avec le plus d'acharnement l'Ordre de Choses actuel, ne sauraient se dire ennemis du Principe de la Stabilité, puisqu'ils ne s'efforcent de renverser cet Ordre de Choses que parce qu'ils imaginent, en culbutant celui-ci, pouvoir en *établir* un meilleur ?

Les Conservateurs ne sont donc pas des ennemis absolus du Progrès ; ils sont ennemis seulement des Agitations et des Perturbations que les Révolutionnaires prennent pour les conditions du Progrès : et les Révolutionnaires ne sont pas ennemis absolus de la Stabilité ; ils sont seulement ennemis d'un Ordre politique que leur ignorance des conditions réelles du Progrès leur fait considérer comme l'Obstacle à la réalisation du Progrès.

Or, s'il est vrai que nous connaissions et que nous ayons même dévoilé déjà dans ce Manifeste les premières et les plus immédiates conditions de la Stabilité et du Progrès ; s'il est vrai que ces conditions, bien loin d'être *contradictoires*, sont absolument *identiques*, ou, en d'autres termes, que la Garantie du Progrès se trouve être précisément la Garantie de la Stabilité ; si, non contents d'aller dans le sens de la Stabilité et dans le sens du Progrès bien au-delà des vœux et des espérances de tous les Conservateurs et de tous les Radicaux, nous présentons encore, aux uns, les moyens d'assurer immédiatement la Stabilité de l'État, aux autres, les moyens d'imprimer à la Société une marche aussi régulière et aussi rapide que possible : il résulte nécessairement que notre Doctrine, avant toute exhibition de ses Plans particuliers de Réforme sociale, se distingue par un Caractère à la fois *ultra-conservateur* et *ultra-radical.*

Eh bien ! c'est précisément ce double caractère qui a valu à l'École sociétaire, de la part de certains esprits étroits, prévenus ou malveillants, appartenant, les uns aux Partis de la Conservation, les autres aux Partis du Mouvement, des accusations souverainement fausses. En effet, les premiers s'arrêtant aux Manifestations Radicales de notre École, nous ont confondus quelquefois avec les Partis ou les Sectes Révolutionnaires ; les seconds, s'appuyant sur nos Manifestations Conservatrices, nous ont accusés de servilité et d'inféodation au Pouvoir. — Quelle n'est pas l'absurdité de ces imputations lancées contre nous par ces prétendus Conservateurs et par ces prétendus Radicaux dont nos Principes dépassent de si loin, dans la voie de la Conservation et dans la voie du Progrès, les Doctrines impuissantes !

Nous espérons avoir clairement établi la position de l'École sociétaire, et démontré que cette École s'est placée, par la nature même de ses principes, dans une sphère absolument supérieure aux sphères étroites et obscures où s'agitent et se combattent les différents Partis politiques. Nous ne serons donc confondus, par les hommes de bonne foi qui auront examine nos principes, ni avec les Conservateurs qui ne comprennent pas que le Progrès est la première condition de la Stabilité ; ni avec les Révolutionnaires i qui ne comprennent pas que la Stabilité est la première condition du Progrès. On saura que nous acceptons les Lois existantes et le Pouvoir établi, en tant qu'ils sont les *moyens pratiques* de l'Ordre dans la Société actuelle, et que nous demandons l'inauguration d'une Ère régulière de Stabilité et de Progrès, en proscrivant toutes les Réformes violentes, et toutes les querelles insensées dont la Possession ou la Modification du Pouvoir est depuis si longtemps l'objet, — querelles et réformes qui n'ont aucun rapport avec la Découverte et l'Expérimentation d'un nouveau Mode d'Organisation de la Commune et par conséquent de la Société [17].

Victor Considerant

Ainsi nous proclamons radicalement vicieux l'État de Choses actuel ; nous proclamons radicalement insensé le Renversement de cet État de Choses, et nous demandons la TRANSFORMATION de cet État de Choses en un État meilleur, par des Voies el par des Moyens que la Raison puisse approuver, que l'Expérience puisse confirmer, et que tous les Intérêts puissent accepter ; car telles sont, suivant nous, les conditions qui déterminent le *Criterium* du Progrès réel.

On connaît maintenant les PRINCIPES FONDAMENTAUX sur lesquels l'École sociétaire est constituée, et dont nous croyons avoir mis la LÉGITIMITÉ hors de toute atteinte.

CHAPITRE III.
CONDITIONS DE L'ORDRE ET DE LA LIBERTÉ.

I. *Caractère intrinsèque de la Doctrine Sociétaire.*

Les Principes précédents étant bien établis, parlons de notre HYPOTHÈSE SOCIALE en elle-même, ou du Plan spécial de Réforme proposé par Fourier et par son École pour transformer l'Ordre social actuel.

Quel que soit ce Système nouveau, il est acquis à l'École sociétaire, que cette École n'entend l'imposer à la Société actuelle par aucune force prise en dehors de la Bienfaisance intrinsèque et démontrée de ce Système ; qu'elle entend seulement le faire *connaître* par voie de Propagation, le faire *juger* par voie d'Expérience, et que, d'avance, elle passe condamnation, si la Société ne le réalise pas d'elle-même et librement lorsqu'elle aura été dûment édifiée par des EXPÉRIENCES LOCALES convenablement faites.

Que le Système découvert par Fourier et proposé par l'École sociétaire soit bon ou mauvais, juste ou faux, nous occupons donc *à priori*, relativement à la Propagation que nous en faisons dans la Société actuelle et a la défense théorique que nous en soutenons, une position absolument légitime, puisque nous ne proposons nullement l'Application générale, mais seulement l'Expérience locale de notre Système devant la Société : — la

Généralisation pratique de ce Système devant être exclusivement l'œuvre spontanée et volontaire de l'Humanité, si, comme nous en sommes convaincus, l'Humanité l'accueille quand elle en aura bonne connaissance.

Voici donc ce que l'on ne pourra, sans erreur ou sans mauvaise foi, refuser de reconnaître comme Caractère distinctif de l'École de Fourier, et ce dont il nous importe au plus haut degré de prendre acte :

C'est que Fourier et son École procèdent à la manière des Savants et des Ingénieurs qui apportent une Découverte et en demandant la Vérification expérimentale ; et non à la manière des Réformateurs Politiques ou Religieux, qui ont agi ou prétendu agir sur la Société en formulant des Lois, des Croyances, des Obligations, un Culte, des Droits, des Devoirs nouveaux, et en imposant leurs Réformes par une *Législation* ou par une *Foi* nouvelles [18].

Si le Système sociétaire se généralise à la suite des Expériences qui en auront fait connaître définitivement la valeur réelle, il est incontestable, suivant nous, qu'une Transformation sociale aussi profonde, en faisant triompher la Vérité et l'Unité, amènera sur toute la terre des Mœurs, des Idées, des Règles, des Coutumes civiles et morales, et des Croyances philosophiques et religieuses généralement différentes de celles, très-diverses, qui règnent aujourd'hui chez les différents Peuples. Mais, à l'inverse de tous les autres Réformateurs politiques, sociaux ou religieux, Fourier et ses Disciples ne demandent nullement à la Société actuelle de remplacer aujourd'hui les Croyances, les Lois, les Coutumes et les Cultes qui existent, par les Coutumes, par les Règles, par le Culte qui, suivant leur Hypothèse scientifique, seront un jour généralisés sur le Globe.

Il y a plus : c'est que, quelles que soient, à l'égard de ces différents sujets, les opinions, fondées ou non, de l'École sociétaire, cette École ne demande pas même l'Expérience locale de ces Coutumes et de ces Règles qu'elle prévoit devoir se réaliser un jour. — Ces points extrêmement importants exigent une élucidation précise pour laquelle nous réclamons toute l'attention du lecteur.

II. *Des Lois et de la Forme sociale.*

Énonçons d'abord deux faits généraux.

1° En tant que Conception théorique, le Système de Fourier comprend *toutes* les Relations sociales, c'est-à-dire tous les rapports des hommes entre eux et des hommes avec les choses ; en d'autres termes, ce Système embrasse virtuellement et théoriquement LE RÈGLEMENT DE TOUS LES RAPPORTS, industriels, civils, politiques, moraux et religieux, que l'on peut concevoir dans l'Humanité.

2° En tant que Théorie *scientifique*, le Système de Fourier présente, pour régler tous ces rapports, un seul et unique Principe *organique*, le Principe de l'*Ordonnance Sériaire* [19].

L'application de la Loi Sériaire à la combinaison et à l'ordonnance de *tous* les Rapports sociaux, telle est donc dans son intégralité la Conception organique de Fourier. Et l'Hypothèse de Fourier et de son École consiste en ceci : que l'Application de la Loi Sériaire à la Combinaison de tous les Rapports sociaux établit l'harmonie dans tous ces Rapports : c'est-à-dire que cette Application produit dans la Société humaine, à la limite théorique, l'ORDRE ABSOLU par la LIBERTÉ ABSOLUE.

Il résulte manifestement de là que, si l'Hypothèse de Fourier est sanctionnée par l'Expérience, les PRESCRIPTIONS morales, civiles, litiques et religieuses, qui portent aujourd'hui, chez les différents Peuples, un caractère *impératif* de Prévention et de Répression, tout en continuant d'exister *virtuellement*[20], deviendront inutiles et cesseront d'être *moyen pratique d'ordre* dans la Société. En effet, ces Lois, qui imposent moralement ou physiquement aux hommes des Obligations restrictives de la *Liberté*, en vue du maintien de l'*Ordre*, dans des conditions sociales où la Liberté est généralement incompatible avec l'Ordre, n'auraient aucun objet dans les conditions sociales nouvelles qui produiraient l'Ordre par l'Essor harmonique de la Liberté elle-même.

Les Prescriptions ou les Lois morales, civiles et religieuses, sont de deux genres :

Le *premier genre* comprend les Lois fondées sur des *Principes absolument* et *éternellement obligatoires* : telles sont les prescriptions revêtues de formes juridiques, morales ou religieuses, qui interdisent, répriment et punissent ce qui est *mal en soi*, ou qui commandent ce qui est *bien en soi*. Ces Lois, comme nous l'avons établi, peuvent devenir *inutiles* dans un bon Système social. Elles cesseront de fonctionner et dormiront quand leur But sera atteint ou dépassé par le Fait ; mais il ne saurait jamais y avoir prescription contre elles. Les Lois dont nous parlons ici sont donc *impérissables*, quant aux données qui en constituent le *fond*. Il est excellent de rendre pratiquement superflue leur intervention impérative ; il serait sacrilège et absurde de songer à en invalider les principes.

Le *second genre* comprend les Lois *disciplinaires*, lesquelles ne sauraient comporter qu'un caractère d'obligation purement relatif, et qui sont essentiellement *variables*. Ces Lois sont celles qui prescrivent les dispositions des Règles politiques, civiles, morales ou religieuses que le Législateur, dans un État donné de Société, a crues les plus propres à établir ou à maintenir l'*Ordre* tel qu'il le conçoit, ou tel qu'il est conçu dans cet État de Société. Ces Lois ne couvrent que des *Procédés d'Ordre* plus ou moins imparfaits, des *Formes* qui changent généralement avec les lieux et avec les temps. Ces Coutumes, ces Institutions, ces Formes disciplinaires, jugées favorables à l'Ordre, dans un État social particulier, et sanctionnées par l'autorité de la Loi, de la Morale ou de la Religion, n'ont donc rien d'absolu en elles-mêmes : elles dépendent exclusivement de l'Autorité qui les crée, qui les impose, qui les modifie, et elles ne sont obligatoires qu'autant qu'elles subsistent comme Règles d'Ordre, et qu'elles ne sont point abrogées et remplacées par d'autres Institutions, par d'autres Coutumes, par d'autres Formes reconnues plus favorables au But Social.

Ainsi, toute Loi est impérative et obligatoire tant qu'elle existe comme Règle d'Ordre : mais il est des Lois fondées sur des Principes absolus et éternels ; il en est qui dépendent des Conditions variables du Milieu social, et qui changent au gré du Pouvoir législatif politique ou religieux.

Or, une Société parfaite serait celle dans laquelle les prescriptions des Lois du premier genre, les prescriptions des Lois absolues, incréées et éternelles, seraient réalisées ou dépassées par effet d'Attrait, d'Amour, de pleine Liberté ; et dans laquelle, en même temps, les Institutions, les Coutumes, les Formes employées pour régler les Relations humaines et les coordonner au But social, seraient en telle harmonie avec la Nature de l'Être humain qu'elles favoriseraient la Liberté, bien loin de la gêner. — Or, de telles Formes réglementaires sont de nature à subsister sans le secours d'aucune coercition morale ou religieuse, sans l'appui d'aucune Loi impérative.

 Il est certain que les Institutions, les Coutumes, les Formes disciplinaires très-diverses, et le plus souvent contradictoires, qui règlent aujourd'hui, chez les différents peuples, les relations des hommes, ne peuvent généralement se soutenir que par le secours des prescriptions religieuses et de la coercition légale. Ces formes sont donc encore loin d'avoir atteint le caractère de la perfection, ou de réaliser l'Ordre par des moyens tellement favorables à la Liberté, qu'elles n'aient besoin de s'appuyer sur aucune sorte de contrainte pour se soutenir.

 S'il est quelque chose d'incontestable au monde, c'est qu'un Système social, dans lequel la *Réalisation absolue du Bien Général résulterait de la Liberté absolue de l'Individu*, serait le Système social LE PLUS PARFAIT que l'on puisse concevoir, c'est-à-dire LE BIEN SOCIAL ABSOLU lui-même.

 Or, il n'est pas moins incontestable que, pour déterminer théoriquement les conditions de ce Système social parfait, il faut de toute nécessité spéculer *théoriquement* sur une Liberté absolue de l'Homme, et calculer les combinaisons sociales aptes à produire l'Ordre, dans l'Hypothèse de cette Liberté absolue. C'est précisément ainsi que Fourier a opéré pour calculer et déterminer les Combinaisons dont il n'a cessé jusqu'à son dernier jour de proposer à la Société la Vérification expérimentale.

 Ainsi, jusqu'à Fourier, on a cherché seulement à réduire la somme du Mal et à obtenir une Garantie relative de l'Ordre contre les attaques de la Liberté, en agissant par CONTRAINTE sur l'Être humain, c'est-à-dire en enfermant purement et simplement la Liberté passionnelle[21] de chaque individu dans un cercle d'obligations et de prescriptions que la Loi, la Morale et la Religion lui défendaient, et avec raison, de franchir, parce qu'au-delà de ce cercle, le développement de sa Liberté devenait ou pouvait devenir

54

funeste. En suivant cette voie de Réaction contre la Liberté au nom de l'Ordre, on n'est parvenu, — c'est un fait, — qu'à contenir la production du Mal dans certaines limites, sans obtenir la Réalisation générale et régulière du Bien.

Fourier, pour résoudre le Problème de l'annihilation du Mal, de la production régulière du Bien, et de la garantie *absolue* de l'Ordre, a spéculé sur la Liberté elle-même : il s'est donné pour tâche de déterminer une *Combinaison des Relations sociales* telle que, dans cette Combinaison nouvelle, la Liberté fût *toujours intéressée* à l'Ordre, la Passion individuelle *toujours dans le parti* du Bien. — En Suivant cette voie, il est parvenu à une Combinaison qui, dans notre conviction, résout ce Problème immense.

Les Philosophes, les Moralistes, les Législateurs, les Réformateurs religieux, se sont préoccupés surtout d'agir sur l'individu par l'IMPÉRATIF du Devoir ou de la Loi, par la contrainte morale ou par la répression physique, pour enchaîner les Passions et les Intérêts dans des limites où ils ne fussent point malfaisants.

Fourier n'a nullement entendu contester l'IMPÉRATIF du devoir et de la Loi ; bien au contraire, il EST ALLÉ FOUT AU-DELÀ des régions du Devoir et de la Loi en se proposant de déterminer des Combinaisons sociales telles que les *Passions* et les *Intérêts individuels* se dirigeassent toujours d'eux-mêmes au But social qui fait la Légitimité du Devoir et de la Loi.

Les uns ont voulu agir sur l'Homme pour enchaîner ses essors et ses réactions, et le plier au Mécanisme de la Forme sociale existante, quelle qu'elle fût ;

L'autre entend agir sur la Forme Sociale pour en transformer le Mécanisme et le plier aux exigences de la Nature humaine.

Fourier ne vient donc pas attaquer le But social de la Morale, de la Religion, de la Loi ; il offre le moyen de faire accomplir par la Liberté et par l'Attrait ce que la Morale, la Religion, la Loi, ont toujours été impuissantes à réaliser chez tous les peuples, par la simple voix des injonctions, des flétrissures, des menaces et de la Pénalité juridique.

Enfin, ce que Fourier et ses Disciples trouvent extrêmement faux, extrêmement absurde, de la part des Moralistes, des Philosophes et des Législateurs, ce n'est pas d'avoir agi *par Contrainte* contre les Essors Subversifs en fait, de la Liberté ou des Passions, *pour diminuer le Mal* ; mais c'est de n'avoir pas cherché les Moyens de *réaliser pleinement le Bien* en intéressant toujours au Bien la Liberté et les Passions elles-mêmes. Ce que Fourier et ses Disciples condamnent hautement, ce n'est pas (quel homme assez insensé pour concevoir une opinion aussi stupide ?) que l'on ait fait effort contre les écarts et les désordres de la Passion, mais c'est qu'on en soit resté, par rapport à la Passion, à ce seul système de la Répression des Essors faux, quand il fallait s'ingéniera trouver des Conditions sociales qui ouvrissent à la Passion un champ immense d'Essors toujours justes, toujours bons, toujours harmoniques, — Conditions qui, d'ailleurs, ne désarment aucunement la Société de son Droit légitime de Répression contre les Essors faux, s'il s'en produisait exceptionnellement encore, et qui n'affaiblissent nullement l'Impératif des Lois morales absolues.

III. *Corrélation et Union absolue de l'Ordre et de la Liberté.*

Voici donc la Conception de Fourier et de son École sur la Forme sociale, et sur le grand Problème de l'Ordre et de la Liberté :

La Forme sociale peut être fausse ou juste, non convenante ou convenante à la Nature humaine et aux conditions du Développement normal de celle-ci.

La Forme sociale la plus fausse, la plus imparfaite, est celle qui établit la plus grande *incompatibilité* entre l'Ordre et la Liberté.

La Forme sociale la plus juste, la plus parfaite, est celle qui établit la plus grande *compatibilité* entre l'Ordre et la Liberté.

La Forme sociale la plus imparfaite a donc pour caractère que l'Ordre y exige l'arsenal le plus complet de Lois répressives, civiles, politiques, morales et religieuses, pour refréner le plus énergiquement la Liberté ;

Et la Forme sociale la plus parfaite a pour caractère que l'Ordre n'y exige plus aucun usage des Lois de répression ou de compression, civiles, politiques, morales ou religieuses contre la Liberté.

Deux conséquences également impératives résultent de cette Conception.

La première oblige à reconnaître, en principe, la Légitimité théorique des Lois disciplinaires [22], préventives ou répressives, établies par la Société pour maintenir l'Ordre dans son sein ; et elle impose à chacun le devoir de conformer pratiquement sa conduite à ces Lois aussi longtemps que la Société les juge nécessaires à la garantie de l'Ordre relatif et imparfait qu'elles lui procurent.

La seconde oblige à reconnaître la Nécessité de rechercher théoriquement les conditions sociales dans lesquelles la répression et la contrainte cesseraient d'être les Moyens d'un Ordre imparfait et relatif, c'-est-à-dire à rechercher la Combinaison *naturelle* où l'Ordre résulterait du plein développement de la Liberté elle-même, et à vérifier pratiquement les Combinaisons qui pourraient être proposées pour résoudre ce Problème suprême.

Ce que nous disons des deux limites virtuelles absolues du Faux et du Vrai, en fait de Forme sociale, s'applique pratiquement et proportionnellement à toutes les phases intermédiaires, les deux termes extrêmes fussent-ils ou ne fussent-ils pas susceptibles d'une Réalisation absolue.

Voici donc qui est bien entendu :

L'École sociétaire vise à l'établissement du plein Développement de la Liberté humaine, mais ce, dans l'Hypothèse de Conditions sociales, pratiquement vérifiées, dans lesquelles le Développement de la Liberté individuelle se concilierait pleinement avec l'Ordre général.

En même temps, et par les mêmes principes, la Doctrine sociétaire, d'accord avec le Bon sens pratique, proclame plus fortement qu'aucune autre Doctrine la Nécessité sociale du Sacrifice plus ou moins complet de la Passion et de la Liberté individuelles, la Nécessité de la Contrainte et de la Répression (sauf mesure), comme barrières obligées contre le Désordre, comme conditions obligées et obligatoires du Bien, tant que la Forme sociale n'est point assez parfaite pour harmoniser pleinement la Liberté ou les désirs de la Passion individuelle, avec les exigences de l'Ordre collectif.

S'il est un Principe évident, c'est que l'Ordre est d'autant moins garanti dans la Société qu'il est sujet à de plus violentes attaques de la part de la Liberté, autrement dit, que la Forme sociale exige et est forcée d'exercer une plus grande contrainte virtuelle ou effective contre la Liberté. L'Ordre ne peut donc être absolument réalisé dans la Société qu'à la condition d'une telle Combinaison des Relations sociales, que cette Combinaison utilise pratiquement, pour l'Ordre et pour le Bien général, toutes les Tendances virtuelles de la Passion individuelle, toutes les Aspirations naturelles de la Liberté humaine.

C'est donc *parce que* l'École sociétaire conçoit les conditions absolues de l'Ordre et celles de la Liberté, et démontre l'identité de ces conditions, que cette École seule défend, avec une Logique vraiment rigoureuse, et avec une Certitude vraiment scientifique, l'*Ordre pratique* contre les empiétements de la *Liberté* dans la *Forme sociale actuelle*, où le Développement de cette Liberté tend au désordre. Et c'est pour la même raison que cette École défend *spéculativement* la cause du *plein Développement de la Liberté humaine*, sauf Découverte et Vérification pratique de la Forme sociale, encore irréalisée, où la Liberté passionnelle de l'individu coïnciderait de tous points avec les exigences de l'Ordre.

Ainsi, en énonçant ce Principe : que la Conception absolue de l'Ordre est inséparable de la Conception absolue de la Liberté ; que ces deux Faits sont corrélatifs, et, conséquemment, que la Liberté ne saurait être réalisée plus ou moins largement qu'autant que l'on réaliserait des Conditions sociales où elle tendrait plus ou moins complètement à l'Ordre ; en énonçant ce Principe entièrement nouveau, quoique vaguement pressenti, l'École sociétaire couvre aussi positivement les *Nécessités pratiques* de la Compression et de la Répression morales, religieuses et juridiques, contre toute *Liberté désordonnée*, qu'elle défend énergiquement les Droits absolus de la Liberté *ordonnée*.

Or, c'est précisément cette conception combinée ou composée, de l'Ordre et de la Liberté, qui donne encore lieu contre l'École sociétaire à des Méprises on a des Calomnies très-absurdes de la part des défenseurs *simplistes* de l'Ordre, qui ne connaissent pas seulement les conditions les plus élémentaires de l'Ordre, et de la part des défenseurs *simplistes* de la Liberté, qui ignorent, de même, les premières conditions de la Liberté.

En effet, d'une part, les différents défenseurs de la Liberté, nous voyant faire opposition à certains développements immédiats de la Liberté dans un Régime social qui, *vu l'imperfection de ses conditions actuelles*, jouit déjà sous quelques rapports d'une dose beaucoup trop forte de Liberté (notamment dans l'ordre industriel et commercial), et qui tend, dans l'ordre politique et même dans l'ordre moral, à une exagération de Liberté, très-dangereuse eu égard à ces mêmes conditions imparfaites actuelles ; ces différents défenseurs simplistes [23] du Principe *libéral*, nous accusent très-aveuglément et très-faussement d'*Illibéralisme*.

D'autre part, les défenseurs du principe de l'Ordre s'entendant accuser par nous de n'avoir que très-étroitement compris l'Ordre pour n'avoir demandé qu'à la Répression et à la Compression politique, légale, religieuse ou morale, des garanties d'Ordre incomplètes et relativement fausses, au lieu d'avoir recherché des garanties d'Ordre, complètes et justes, en recherchant des Combinaisons sociales favorables au Développement ordonné, plein et harmonique de la Liberté ; ces défenseurs *simplistes*[24] du principe de l'Ordre nous accusent, tout aussi aveuglément et tout aussi faussement, d'ouvrir la porte au Désordre et au Vice, et de vouloir déchaîner sur la Société une Liberté furieuse et désordonnée.

Ainsi, relativement aux principes de l'Ordre et de la Liberté, de même que pour les principes de la Stabilité et du Progrès, nous nous voyons assaillis par des accusations calomnieuses, erronées ou mensongères, basées sur une Inintelligence profonde ou sur une Défiguration malveillante de ces principes et de notre Doctrine.

Que pouvons-nous donc faire autre chose, en présence de ces accusations absurdes ou hypocrites, sinon protester contre la Défiguration que l'on fait subir à nos principes, proclamer ces principes dans toute leur Réalité, dans toute leur Pureté, et donner un démenti formel et absolu à toutes les fausses interprétations que l'on en fait autour de nous ?

Qu'on le sache donc :

Nous défendons synthétiquement les Principes corrélatifs et identiques, en *Théorie absolue*, de la Stabilité et du Progrès, de l'Ordre et de la Liberté :

Nous subordonnons *pratiquement* les besoins *virtuels* du Progrès et de la Liberté aux exigences actuelles [25] de la Stabilité et de l'Ordre.

Enfin, par cela même que nous connaissons les Conditions dans lesquelles *seules* l'Ordre général est compatible avec une pleine Liberté individuelle, nous nous trouvons les seuls adversaires véritablement logiques d'un *Développement* imprudent et exagéré *de la Liberté dans la Société actuelle, où nous savons qu'il est impossible que la Liberté ne tende pas au Désordre.*

Si donc nous sommes théoriquement partisans absolus du Progrès et de la Liberté, nous sommes au préalable, théoriquement et pratiquement, partisans de la Stabilité, de l'Ordre et même de leurs Nécessités rigoureuses, contre les tendances fausses, illégitimes et désordonnées du Progrès et de la Liberté.

On ne peut rien de plus catégorique que cette Déclaration ; — Nous ajoutons :

Tous ceux qui entendent la Doctrine de Fourier autrement que nous l'expliquons ici, ne l'entendent pas comme nous savons que Fourier l'entendait, ne la comprennent pas comme nous la comprenons, ne la comprennent pas comme nous la professons.

Eu conséquence, nous nous SÉPARERIONS FORMELLEMENT de tous ceux qui, en dehors de nous, se poseraient en défenseurs de cette Doctrine, et prétendraient en tirer des déductions contraires aux Principes que nous venons d'exposer. Non-seulement nous laisserions à de semblables défenseurs la responsabilité de leurs opinions, mais nous combattrions ces opinions à outrance.

Enfin, nous déclarons ERRONÉES OU MENSONGÈRES, et, généralement, CALOMNIEUSES, tontes les attaques, toutes les critiques dirigées contre nous, qui nous imputeraient ou tendraient à nous imputer des idées, des vues ou des principes qui fussent en opposition, en contradiction, ou même en simple divergence avec les principes fondamentaux que le présent Manifeste de l'École sociétaire a pour objet de déterminer et de mettre en lumière.

Le But et les Principes de l'École sociétaire étant établis, nous pouvons en déduire le mode d'application et de vérification de son Hypothèse sociale.

CHAPITRE IV
TRANSFORMATION SOCIALE.

I. *Mode de Réalisation du Système Sociétaire.*

Toute Science repose sur une Formule ou sur une Hypothèse démontrée *à priori* ou *à posteriori*.

Dans une Science d'Explication, comme l'Astronomie, la Physique, etc., la vérification *à posteriori* d'une hypothèse présentée consiste dans l'explication, par cette hypothèse, de tous les faits qui sont du domaine de cette science.

Dans les Sciences d'Application, comme la Mécanique industrielle, toute hypothèse nouvelle présentée, c'est-à-dire tout projet de Mécanisme nouveau, se vérifie *à posteriori* par la Réalisation pratique de cette hypothèse et par l'Expérience du Mécanisme réalisé. — Étudions cette méthode de Vérification propre aux Sciences d'Application.

S'il s'agit de Moteurs à feu, par exemple, il est de toute évidence que l'hypothèse la plus parfaite serait celle qui, au moyen de l'Appareil le plus économique, utiliserait *toute* la Force motrice du feu, sans qu'aucune partie de cette énergie s'usât en efforts *inutiles*, ou s'exerçât en efforts *nuisibles* ou *dangereux*.

Dans le cas où une Machine aussi parfaite serait découverte, où les plans en seraient approuvés par les Ingénieurs qui les auraient étudiés, et où ceux-ci seraient certains *à priori* que ce Mécanisme nouveau est appelé, par sa perfection, à se substituer rapidement aux Moteurs en usage, serait-il raisonnable, ne serait-il même pas absolument extravagant, de la part de ces Ingénieurs, d'exciter à la *suppression*, à l'*abolition*, à la *destruction* de toutes les Machines existantes, et de demander une Loi qui décrétât l'adoption immédiate et universelle de la Machine nouvelle ? Certes, il n'y aurait pas de nom pour caractériser une pareille folie.

Évidemment, des Savants réels ne sauraient donner dans ce travers *révolutionnaire*. Bien loin d'agir révolutionnairement contre les Machines existantes, celles-ci fussent-elles ce que l'on peut imaginer de plus mauvais ; bien loin d'en provoquer le renversement violent, de demander à la Loi, à l'Autorité, à la Force politique, la généralisation du nouveau Procédé, évidemment, des Savants réels *critiqueraient* les anciennes Machines, *feraient valoir* la supériorité du nouveau Mécanisme sur les Systèmes en usage, et *s'efforceraient d'obtenir les Moyens de construire un* Modèle qui prouvât sans réplique à tous, aux ignorants, aux incrédules, aux détracteurs, aux indifférents, à la Société entière enfin, l'Excellence du nouveau Système.

Eh bien ! d'après ce que nous avons fait connaître du caractère intrinsèque de l'Hypothèse sociale de Fourier, du Mécanisme nouveau que nous proposons pour combiner les Relations humaines, nous occupons exactement, devant la Société, la position des Ingénieurs que nous venons de mettre en scène.

Nous sommes des Ingénieurs sociaux.

Nous présentons à nos contemporains le Plan d'un nouveau *Mécanisme social* propre, suivant nous, a utiliser toute l'énergie de la *Force motrice* qui réside dans la Nature humaine, sans qu'aucune partie de cette énergie puisse vouloir, dans ce nouveau Système, se développer en efforts nuisibles ou dangereux.

Nous nous gardons bien de demander le *renversement violent* des mauvais Mécanismes sociaux qui existent actuellement sur la terre ;

Nous nous gardons bien de demander la suppression des *précautions* prises, dans le Mécanisme de la Civilisation française ou de toute autre Société, contre les efforts *nuisibles* ou *dangereux* de la Force motrice, c'est-à-dire de l'énergie passionnelle de la Nature humaine ;

Nous critiquons les dispositions très-imparfaites, très-vicieuses, très-dangereuses, de tous les Mécanismes sociaux existants ;

Nous faisons valoir les dispositions, très-supérieures, suivant nous, du Mécanisme nouveau ;

Enfin, nous nous efforçons d'obtenir les Moyens nécessaires à la création d'un Modèle propre à *expérimenter* le Système nouveau, et à en faire connaître pratiquement la *valeur réelle* à la Société tout entière, afin que la Société accepte ou rejette ce Système en connaissance de cause.

Ce n'est pas tout. Quoique nous soyons convaincus que la Machine nouvelle ne présente pas de danger, nous ne demandons nullement que, dans l'*Essai* de ce Mécanisme, aussi bien que dans les *Applications ultérieures* qu'on en pourra faire, on se dispense des Précautions que la Société prend aujourd'hui contre les dangers du Mécanisme actuel, précautions qu'elle a et qu'elle aura le droit de prendre aussi longtemps qu'elle le jugera nécessaire.

Ce n'est pas tout encore.

Dans l'hypothèse de la Machine motrice, qui nous sert de comparaison, on conçoit que, pour faire connaître la supériorité de leur Découverte, les Ingénieurs qui la produisent n'ont pas besoin d'appliquer *eux-mêmes* et *immédiatement* leur Moteur nouveau *à tous les usages* auxquels servent ou peuvent servir les anciens Moteurs. — Que ces Ingénieurs produisent un Modèle, qu'ils appliquent ce Modèle à un Travail quelconque, de manière à faire apprécier la valeur de l'Invention : voilà leur tâche. La Société est ensuite juge des emplois, des usages, des applications qu'il lui conviendra de faire du Moteur nouveau.

Eh bien ! nous sommes ici dans la même position que ces Ingénieurs. Le Mécanisme proposé par Fourier, le PROCÉDÉ SÉRIAIRE qu'il a découvert, jouit, suivant nous, de la propriété d'établir l'harmonie pleine et entière de l'Ordre avec la Liberté, dans toutes les branches des Relations sociales auxquelles on l'appliquera. Suivant nous, ce Procédé d'Ordre et de Liberté, cette Règle nouvelle, se substituera un jour à toutes les Règles, très-diverses, à toutes les Lois disciplinaires très-imparfaites, très-contradictoires, qui sont aujourd'hui les moyens d'un Ordre très-chancelant, d'une Liberté très-bornée, chez les différents Peuples. — Néanmoins, malgré cette conviction, nous ne demandons nullement à appliquer aujourd'hui, même à titre d'essai, ce procédé d'Ordre et de Liberté à toutes les Relations sociales. Voici, à cet égard, ce que nous établissons nous-mêmes.

L'École sociétaire, il est vrai, présente, pour la combinaison et pour le règlement de toutes les relations, une Forme générale dont la propriété serait de réaliser l'Ordre par la Liberté. Il résulte de là, sans doute, que l'application universelle de cette Forme Unique ne saurait se faire qu'en amenant à l'*unité* les Coutumes si diverses, si contradictoires, et les Règles disciplinaires souvent si bizarres, que sanctionnent aujourd'hui les différentes Religions, les différentes Législations, les différentes Morales des peuples. La Réalisation ultérieure, universelle et complète de l'Hypothèse sociétaire, suppose donc la Transformation de toutes ces Coutumes et de toutes ces Lois diverses, c'est-à-dire l'application de la Forme sériaire à toutes les relations, à tous les usages, à tous les emplois sociaux, et cela chez tous les peuples de la terre. La Réalisation ultérieure et complète de l'Hypothèse de Fourier implique donc nécessairement une Réforme générale dans l'ordre politique, dans l'ordre civil, dans l'ordre moral, dans l'ordre religieux, dans tous les ordres de faits, enfin, où règne aujourd'hui l'incohérence, et où doit s'établir l'Unité. Voilà ce que nous reconnaissons formellement.

Mais, de même que les ingénieurs qui auraient à prouver la supériorité de leur Moteur sur tous les Moteurs antérieurs, ne seraient pas obligés de l'appliquer eux-mêmes et immédiatement à tous les genres d'usages auxquels la Société sera maîtresse de l'employer ultérieurement ; de même, en principe, nous ne sommes pas obligés d'appliquer à tous les Faits sociaux, à tous les genres de Relations humaines, le Mécanisme ordonnateur découvert par Fourier.

Or, parmi les Faits sociaux, les uns sont aujourd'hui réglementés, soumis à des Lois disciplinaires, tandis que les autres sont absolument libres. Eh bien ! par une remarquable Finalité, il se trouve que les Faits auxquels il convient d'appliquer, avant tout, le Procédé Sériaire, et dont la réglementation par ce Procédé aura une Valeur immédiate, capitale et souveraine, dans la Société ; il se trouve précisément, disons-nous, que ces Faits, de capitale importance, ne sont soumis aujourd'hui à *aucune règle disciplinaire* et sont absolument libres. Ces Faits libres sont les Faits industriels, c'est-à-dire les Faits concernant la Création, la Distribution, la Répartition et la Consommation ou l'usage des produits matériels et intellectuels de l'activité humaine [26].

Ainsi les Relations politiques, civiles, conjugales, religieuses, les Faits administratifs, judiciaires, etc., sont, généralement aujourd'hui, réglementés chez les différents peuples, et soumis à des Lois disciplinaires. L'on ne pourrait appliquer à ces Faits la Règle nouvelle ou la Forme sériaire sans contrevenir aux Règles auxquelles ces Faits sont soumis, et que la Société juge bon de maintenir.

Mais les Relations industrielles, les actes concernant la Création, la Distribution, et la Répartition des produits de l'activité physique ou de l'activité intellectuelle de l'Homme, s'accomplissent librement, de gré à gré, dans la Société. Les citoyens travaillent, contractent, produisent, s'associent, se quittent et font leurs affaires comme ils l'entendent, comme ils le veulent, à leurs risques et périls, sans être entravés par aucune prescription disciplinaire, sans relever d'aucune Règle, sans relever de rien, sinon des Lois générales qui garantissent la Sûreté des Propriétés et punissent la Fraude, ainsi que de quelques Lois spéciales, très-larges, qui déterminent seulement certaines formas de Contrats.

Dans le premier genre de Relations, les diverses Sociétés ont adopté des Formes et des Règles d'ordre, Formes et Règles très-imparfaites, sans doute, souvent même très-vicieuses, et que l'on peut très-légitimement critiquer, mais qui n'en sont pas moins *obligatoires*, en fait, tant qu'elles sont, en fait, les Règles de la Société où l'on vit. — Nous ne pouvons ni ne voulons appliquer, et nous ne demandons même pas que la Société applique aujourd'hui notre Règle d'Ordre à ces faits, *mal ordonnés* nous le répétons, mais enfin, *ordonnés comme il plaît encore à la Société qu'ils le soient.*

Ce que nous réclamons, ce que nous voulons, ce que nous obtiendrons, c'est un *Essai local et borné*, destiné à *vérifier* la valeur de cette Règle nouvelle, de ce Procédé nouveau, par une application RESTREINTE A UN GENRE DE FAITS LAISSÉS ABSOLUMENT LIBRES, absolument INORDONNÉS ou DÉSORDONNÉS dans la Société.

Ainsi nous croyons que le Système sociétaire doit se généraliser sur le Globe, en renouveler totalement la face, y remplacer par des Institutions, par des Coutumes et un Culte *unitaires*, l'INCOHÉRENCE ACTUELLE des Institutions, des Coutumes, et des Cultes ; nous croyons que le procédé de la Distribution sériaire, qui n'est autre chose que le procédé organisateur de la Nature elle-même, et qui est la Loi fondamentale du Système sociétaire, sera un jour le Procédé unique, suivant lequel l'Humanité réglera ses Relations de tous genres ; nous croyons que ce Procédé a pour caractère de faire surgir et régner la Vérité, la Justice et la Liberté dans toute branche de fonctions à laquelle on l'applique ; nous croyons que l'Unité organique de l'Humanité ne sera constituée dans son état parfait que quand ce Procédé sera appliqué au règlement de toutes les Fonctions sociales. — Telles sont nos vues sur l'Avenir, nos Prévisions scientifiques, nos Croyances relatives aux *Réalisations sociales ultérieures*, réservées à l'Humanité.

Quant à nos vues *sur le présent*, elles se réduisent à ceci :

Obtenir une Vérification du Procédé d'Ordre et de Liberté proposé par Fourier, au moyen d'une Application locale bornée à l'Ordonnance des relations, des opérations et des travaux INDUSTRIELS d'une Commune, relations, opérations et travaux que la Législation actuelle laisse absolument *libres* et *inordonnés* dans la Commune et dans l'État.

La Loi n'enjoint point à l'individu de faire de son Capital, de son Travail ou de son Talent, tel ou tel emploi ; la Loi laisse l'individu libre d'exercer l'industrie qu'il lui plaît, de l'exercer seul ou en s'associant à d'autres, de se servir des Procédés, des Méthodes qu'il juge les plus favorables à son but industriel. Il s'ensuit que, si la Méthode ou le Procédé sériaire, expérimentalement appliqué à l'Organisation des Travaux domestiques, agricoles, manufacturiers, etc., qui s'exercent dans la Commune, donne des résultats très-supérieurs à ceux du Système actuel ; si ce Mécanisme nouveau augmente considérablement la Production, la Richesse ; s'il unit les Intérêts de toutes les Classes ; si le Capital, le Travail et le Talent y trouvent tous trois leur compte beaucoup mieux que dans tout autre Système ; si ce Procédé enfin établit l'harmonie, c'est-à-dire l'accord de l'Ordre et de la Liberté dans les relations industrielles ; s'il y fait régner la Vérité et la Justice à la satisfaction de tous les Individus dont il réglera les rapports d'intérêt et de travail ; alors ce Procédé sera adopté *pour la Combinaison des Éléments et des Faits industriels*. L'emploi de ce Procédé *pour l'Organisation des Relations libres de l'Industrie, de la propriété, du Travail*, se généralisera et répandra plus ou moins rapidement ses immenses bienfaits dans le sein des Nations.

Ainsi donc, la première conséquence de la vérification expérimentale de cette hypothèse c'est la Réforme ou la Transformation INDUSTRIELLE de la Société.

À une Société misérable, couverte de Pauvres, de Prolétaires, de Malheureux ; à une Société dont les populations les plus nombreuses restent privées de toute éducation, de tous moyens de culture ; à une Société dévorée par tous les vices et par tous les crimes qu'engendrent la Misère et l'hostilité des intérêts et des classes ; à une Société déchirée par des luttes permanentes, menacée par de continuelles révolutions politiques ou sociales, et fréquemment bouleversée par des guerres sanglantes ; à une semblable Société se substituera naturellement, librement, par imitation du Procédé éprouvé, un Ordre Social qui crée d'abondantes Richesses, et qui les distribue suivant les lois d'une Justice aussi rigoureuse que libérale ; qui bannit à jamais toute Misère ; qui associe les intérêts de toutes les classes ; qui détruit dans leur source les contestations, les procès, le vol, la violence et la fraude ; qui étend à tous les enfants des hommes les bienfaits d'une éducation physique, morale et intellectuelle, complète ; qui chasse l'oisiveté en passionnant les hommes, les femmes et les enfants pour des Travaux rendus aussi attrayants par le Procédé sériaire qu'ils sont généralement répugnants sons le régime actuel : enfin qui assied la Paix et la Prospérité des peuples sur des bases inébranlables.

Telles seront les prodigieuses conséquences sociales, politiques et morales d'une SIMPLE RÉFORME INDUSTRIELLE.

Or, lorsque la Société aura réalisé généralement le Mécanisme Sériairé quant à son application aux Faits de l'Industrie ; lorsqu'elle en recueillera les Bienfaits ; lorsqu'elle aura reconnu, par la pleine Conception de ce Système et par l'Expérience de l'application générale qu'elle en aura faite aux Relations industrielles, qu'il offre bien réellement à l'Humanité le moyen positif, naturel, scientifique, de réaliser l'Ordre par la Liberté en toutes Relations : la Société probablement alors, jugera convenable d'aller au-delà de la *Réforme industrielle*, d'appliquer le Mécanisme Sériaire à d'autres usages, d'en vérifier la puissance sur d'autres Relations. Les Pouvoirs sociaux, qui ont mission et caractère pour faire la Loi, pour la modifier, pour l'abroger, agiront alors comme il leur paraîtra bon d'après les nouvelles Lumières sociales, et transformeront, suivant que l'état de la Société le réclamera, les anciennes Règles disciplinaires.

Victor Considerant

La Transformation des Règles disciplinaires, des Lois, c'est l'affaire des Législateurs, ce n'est pas celle des Ingénieurs ; et les Transformations de cette nature, celles du moins que réclamerait l'universalisation du Régime Sériaire, ne regardent pas les générations qui existent aujourd'hui ; elles regardent l'Avenir. — Or, l'Avenir prendra soin de lui-même.

II. Analyse des Éléments de la Vie sociale.

Pour déterminer avec une entière précision le cadre des Éléments sur lesquels toute sage Réforme sociale peut et doit faire reconnaître la valeur de son principe, nous allons analyser brièvement la composition de la Vie sociale.

La Commune devant être l'alvéole de la Société, et l'homme devant trouver dans la Commune où il naît tous les Éléments nécessaires à son développement social, nous ne considérons comme Commune complète que celle qui compte au moins une population de quinze à dix-huit cents âmes, environ quatre cents familles. Les Communes trop faibles, telles que celles de deux cents, trois cents, quatre cents âmes, ne doivent être considérées généralement que comme des embryons de Commune, la pauvreté et la faiblesse numérique de ces petits noyaux ne leur permettant pas de produire et de développer convenablement dans leur sein tons les Éléments de la Vie sociale.

Nous prendrons donc pour type une Commune de quinze cents à deux mille âmes, possédant à peu près une lieue carrée de terrain, et susceptible de réunir et de développer dans son sein tous les éléments de la Vie sociale.

Les Éléments sociaux, qui doivent tous être représentés dans une Commune de cette force, peuvent se classer aujourd'hui en deux genres : les Éléments réglés et ordonnés, les Éléments non réglés et libres.

Éléments réglés et ordonnés.

Ces Éléments sont au nombre de quatre :

L'Élément civil ;

L'Élément politique ;

L'Élément moral ;

L'Élément religieux.

1° L'Elément civil est représenté dans la Commune par le Maire, le Conseil municipal et les Autorités dont les fonctions consistent à régulariser les Faits civils (mariages, naissances, décès, contrats, héritages, mutations de propriété, etc.), conformément aux prescriptions de la Loi en vigueur. — L'Hôtel de la Mairie, l'Hôtel de la Justice, etc., sont les expressions matérielles de cet Élément ;

2° L'Elément politique est représenté par le Maire, par le Percepteur des contributions et par les Autorités locales chargées de faire exécuter les prescriptions de l'Autorité centrale, relativement aux Faits politiques (impôt, conscription, garde nationale, etc.), ou à veiller à l'exécution des Lois qui règlent l'usage des droits politiques (électorat, éligibilité, etc.). On peut encore y joindre ce qui concerne certains services généraux monopolisés par l'Administration centrale, tels que le service des Postes, les Ponts-et-Chaussées, etc. ;

3° L'Élément moral. Nous rapportons à cet Élément les Autorités judiciaires chargées de veiller aux prescriptions qui concernent la Sûreté des personnes et des propriétés, les règles de la moralité et de la morale publique.

Les Représentants des trois premiers Éléments ont à leur disposition, plus ou moins directement, la Force publique, la gendarmerie, la troupe, les agents de police, le geôlier. — La Prison est la représentation matérielle de la Faculté coercitive qui leur est dévolue ;

4° L'Elément religieux, représenté par le Prêtre chargé des Fonctions religieuses, telles qu'elles sont réglées par l'Autorité ecclésiastique et l'Autorité politique dont ce ministre du Culte dépend.

Le Temple est la représentation matérielle de cet Élément.

Ces quatre Éléments sont ordonnés, régis par des lois réglementaires. La Législation Souveraine, représentant lu Volonté collective, a seule le droit de toucher à ces Éléments et de modifier les lois qui les gouvernent. Tant que ces lois sont en vigueur, les citoyens doivent y rester soumis ; mais sans préjudice du droit de critiquer ces lois et de faire ressortir ce que leurs dispositions peuvent avoir de vicieux. Ce Droit de critique est le Droit de l'Humanité et du Progrès ; ce n'est pas le refus d'obéissance, le mépris pratique de la loi, le droit de révolte contre la loi ; c'est, au contraire, la garantie de l'amélioration de la loi et du perfectionnement du Système social tout entier.

Ainsi, relativement à ces Éléments ordonnés et régis par des Lois et par des Règlements, nous constatons un DROIT de *Critique théorique* et un DEVOIR d'*Obéissance pratique*, Droit et Devoir dont nous formulons, pour l'École sociétaire, les conséquences en ces termes :

En tant qu'École *dogmatique*, dans ses écrits, dans ses livres, dans ses enseignements intellectuels adressés à la Société, l'École sociétaire n'entend nullement renoncer à son Droit de critique des faits, des dispositions et même des principes et des dogmes qu'elle peut trouver vicieux dans le domaine actuel des quatre Éléments ordonnés ;

En tant qu'École *pratique*, pour les expériences relatives à l'épreuve de sa Théorie, l'École sociétaire proclame le respect des Lois et des Règles en question, et reconnaît même qu'il est particulièrement de son devoir de donner à la Société l'exemple de l'obéissance la plus scrupuleuse à ces Règles et à ces Lois.

Ainsi, en quelque pays et sous quelques lois que se réalisent les premières Communes Sociétaires, ces Communes ne sauraient apporter trop de soin à se montrer fidèles observatrices de la Loi et des Coutume » du Pays.

Éléments non réglés el libres.

Les Éléments non-réglés et non-ordonnés, c'est-à-dire les Éléments dont les relations et les formes ne relèvent d'aucune Prescription légale ou religieuse particulière, et dont au contraire la Liberté la plus complète est reconnue par la Loi [27], sont au nombre de six :

1° L'*Agriculture*, qui comprend tous les travaux relatifs à l'exploitation du sol ; 2° *La Fabrique*, qui comprend les travaux relatifs aux transformations et aux raffinements des produits du sol ;

3° *Le Ménage*, ou l'ensemble des travaux domestiques qui ont pour objet la consommation journalière et les besoins de la vie privée ;

4° *Les Arts* dits *libéraux*, dont les travaux correspondent spécialement au raffinement des sens et aux jouissances de l'Ame ;

5° *Les Sciences*, dont les travaux correspondent spécialement aux développements de l'Intelligence, et qui ont pour objet la connaissance des lois de l'Univers ;

6° *Le Commerce*, qui opère l'échange et la distribution des produits de toutes sortes.

Toutes les opérations, toutes les transactions relatives à ces six Éléments sont absolument libres ; les Lois et les Mœurs ne s'opposent, dans aucune Société civilisée, à l'adoption de telles Formes, de tels Procédés, de telles méthodes qu'il peut plaire aux citoyens d'employer pour opérer dans le domaine de ces Éléments.

Enfin il est un dernier Élément de la Vie sociale qui participe des deux genres que nous venons d'analyser ; nous voulons parler de l'Éducation.

L'*Éducation*, en effet, est eu partie réglée, en partie libre. Il est facile de reconnaître que ce qui, dans l'Éducation, est laissé à la Liberté la plus entière, correspond précisément aux Éléments non réglés ; nous voulons parler de l'enseignement *professionnel* en général.

Il résulte de cette Analyse et des Principes posés ci-dessus que, les Expériences du Procédé sociétaire ne pouvant et ne devant porter sur rien autre que sur les Éléments libres et non ordonnés, la Commune sociétaire ne différera des autres Communes que par les Dispositions particulières qu'elle adoptera pour le Règlement des faits et des relations qui se rapportent aux six Éléments libres.

Ainsi, jusqu'à ce qu'il plaise à la Société et à ses Pouvoirs supérieurs de modifier ou de perfectionner les lois, les coutumes et la discipline qui règlent les relations civiles, politiques, morales et religieuses chez les différents peuples, les Communes sociétaires seront semblables aux Communes ambiantes, sauf l'application du Procédé sériaire au règlement des faits et des opérations qui dépendent du domaine de l'Agriculture, de la Fabrication, du Ménage, des Beaux-Arts, des Sciences, du Commerce, et de tout ce qui, dans le champ de l'Éducation, se rapporte à ces Éléments.

On se fera donc une première idée d'une Commune sociétaire, si l'on se représente une Commune dans laquelle les lois et les coutumes civiles, morales et religieuses du pays sont en vigueur comme dans toutes les autres ; mais dans laquelle les Faits qui se rapportent à l'Agriculture, aux Manufactures, au Commerce et à l'Éducation professionnelle, au lieu d'être livrés à l'Incohérence actuelle, sont réglés par un Procédé d'Association qui aura pour effet de substituer rapidement l'économie à la déperdition, l'aisance générale à la misère, l'accord des intérêts à leur lutte, le développement intellectuel et moral à l'abrutissement, à l'immoralité et à la grossièreté générales, enfin, de réaliser l'Alvéole d'un Ordre Social aussi parfait que l'état de choses actuel est vicieux, — le vice, toutefois, pouvant rester encore partiellement, ou plutôt restant *très-certainement* dans les Eléments réglés par les Lois actuelles, tant qu'on n'aura pas jugé bon de modifier convenablement ces lois.

Ces détails catégoriques et ces explications circonstanciées étaient nécessaires pour que nul ne pût se méprendre sur la nature de la Réforme dont nous proposons l'Épreuve expérimentale à la Société. Grâce à ces explications positives, chacun peut se faire une idée très-déterminée et très-juste, sinon de ce qui constitue à proprement parler le Système scientifique [28] de l'École sociétaire, du moins des Principes de cette École, de son But Social, et de la Légitimité inattaquable, en fait et en droit, de ses efforts de Propagation et de Réalisation.

Nous demandons à être jugés sur ce que nous disons, non sur ce que l'on nous fait dire ; sur ce qui nous appartient, non sur ce que l'on nous prête ; enfin sur le sens que nous donnons nous-mêmes à nos paroles, non sur les interprétations que des adversaires peu instruits ou peu bienveillants s'efforceraient d'en donner contrairement aux Principes que nous exposons et qui nous dirigent.

III. *Résume sur les Principes et sur la Proposition de l'Ecole Sociétaire.*

En Principe,

Un Système social, absolument parfait, est celui qui réalise un Ordre absolu par une Liberté absolue, et qui n'a besoin d'aucune Contrainte (légale, morale ou religieuse) pour exister et se développer ;

Un Système social est d'autant plus près d'être parfait qu'il approche plus de cet Idéal absolu, et qu'il a moins besoin de Contrainte (légale, morale ou religieuse) pour exister et se développer. — Ces deux énoncés différents d'un même Principe sont incontestables.

En Fait ;

Nous présentons une Règle ou un système de combinaison des relations sociales, qui jouit, suivant nous, de la propriété de réaliser l'Ordre par la Liberté ;

Nous demandons la Vérification de cette règle au moyen d'une application *locale*, bornée à des faits purement *industriels* ;

Nous laissons à la Société, à ses Pouvoirs réguliers et à l'Avenir, le soin d'appliquer progressivement, s'il y a lieu, cette règle, aux relations aujourd'hui soumises à des Lois disciplinaires ou réglementaires.

En Somme,

Nous ne réclamons de la Société, la suppression d'aucune Loi répressive, préventive ou disciplinaire, la modification d'aucun Système religieux ; et même nous critiquons généralement les efforts de ceux qui demandent aujourd'hui l'affaiblissement des dispositions répressives ou l'élargissement des dispositions disciplinaires, soit que ces efforts nous paraissent dangereux, soit qu'ils nous semblent une dépense de force plus ou moins mal appliquée.

Victor Considerant

Il résulte de tout ce que nous venons d'exposer que la Commune sociétaire dont nous poursuivons la fondation, dans le but de produire la Vérification expérimentale de l'Hypothèse systématique de Fourier, sera une Commune soumise comme toutes les autres aux Lois politiques, civiles et morales de la Société actuelle, et qu'il ne saurait être nullement question pour nous de prêcher, aux individus qui y fonctionneront, rien qui ressemblât à une Religion nouvelle.

L'Expérience à faire consiste purement et simplement à organiser les Travaux domestiques, agricoles, manufacturiers, scientifiques, etc., de cette Commune, d'après le Procédé sériaire, et à vérifier :

Si le Procédé Sériaire, appliqué à des Travailleurs qui, généralement, ne connaîtront même pas les principes de la Doctrine de Fourier,

Opère l'Association du Capital, du Travail et du Talent ;

Augmente la Production dans une proportion considérable ;

Change en Plaisirs ardents les Travaux, même ceux réputés les plus pénibles ;

Développe au plus haut degré les facultés physiques, les facultés morales et les facultés intellectuelles des Sociétaires ;

Crée le désintéressement, la concorde générale, l'Unité d'action et l'Harmonie ;

Enfin si, *dans les relations industrielles* auxquelles il sera appliqué, ce Procédé Sériaire tend à réaliser l'Ordre par la Liberté.

Qu'on l'ait donc pour entendu : l'Essai du Système sociétaire de Fourier ne doit être une Innovation que dans le domaine industriel.

Pour tout le reste, la Commune sociétaire doit se conformer, *plus scrupuleusement* qu'aucune autre, aux lois, aux habitudes, aux usages du pays : tous les Cultes reconnus par l'Etat peuvent s'y exercer ; tout *Culte nouveau* et *non reconnu* doit, au contraire, en être positivement proscrit.

Le Principe fondamental de notre Ecole, c'est que le Criterium de la Perfection organique consiste dans la production de l'Unité par l'Attraction, dans l'harmonie de l'Ordre et de la Liberté.

Ce Principe, qui n'est autre chose que la conception absolue de l'Ordre, est inattaquable, comme un Axiome mathématique ; nous ne le présentons point comme une Hypothèse, mais comme une Vérité inconditionnelle.

Ce que nous présentons comme une *Hypothèse* à vérifier par l'Expérience dans le monde des faits, c'est que la LOI SÉRIAIRE est bien réellement la LOI ORGANIQUE NATURELLE suivant laquelle seule peut se réaliser socialement l'*Ordre absolu*, c'est-à-dire la constitution, le maintien et le développement de l'*Unité humaine*, sous la condition du libre développement de tous les individus qui composent l'Espèce [29] ;

Enfin, ce que nous opposons, avec une puissance de logique invincible, aux attaques erronées et calomnieuses, sincères ou hypocrites, auxquelles notre Doctrine, comme toute Idée nouvelle, se trouve en butte, c'est ce fait positif :

Que notre Système repose sur une Hypothèse scientifique très déterminée ; qu'il se présente sous la forme rigoureuse de toute Hypothèse de cet ordre ; qu'il en appelle directement à l'Expérience ; que la Vérification expérimentale devant en être faite dans le domaine absolument libre des relations industrielles sans porter aucune atteinte aux Lois politiques, civiles, morales et religieuses des Sociétés existantes, cette Vérification est absolument légitime ; et qu'après tout, il résulte du mode même de production de ce Système qu'il ne peut se *réaliser et se généraliser dans le monde qu'à la condition d'être l'expression de la Vérité, et de la Vérité dûment vérifiée.*

La Légitimité absolue du but de ce Système, et sa Légitimité conditionnelle ou *de position*, étant rigoureusement établies, nous sommes en droit de ne considérer comme CRITIQUES SÉRIEUSES que les Critiques qui porteraient sur les Moyens mêmes que ce Système propose pour atteindre son But.

Le Procédé sériaire offre-t-il, oui ou non, un Système plausible d'ORGANISATION DE L'INDUSTRIE : mérite-t-il d'être expérimenté en tant que Moyen de réaliser aujourd'hui l'ASSOCIATION DU

Capital, du Travail et du Talent dans la Commune ? Voilà le terrain positif et scientifique sur lequel nous appelons la Critique consciencieuse.

Les Principes généraux, les Éléments logiques, et la Position de l'École sociétaire devant les Idées et les Faits sociaux contemporains étant déterminés, il nous reste à faire connaître les formes et la Constitution de cette École.

CHAPITRE V.
ORGANISATION DE L'ÉCOLE SOCIÉTAIRE CONSTITUÉE.

I. *L'École Sociétaire n'est pas, ne peut pas être une Secte.*

D'après ce que nous avons établi, il est facile de reconnaître que l'École sociétaire n'est pas un *Parti politique*, puisque ce qui caractérise les Partis politiques, c'est la prétention de changer directement les Lois et le Gouvernement de la Société, et de faire triompher leurs idées particulières en les imposant au pays par l'autorité de la Loi. — La Réforme Économique proposée par l'École sociétaire n'exige la modification d'aucune Loi morale, civile, politique ou religieuse, le renversement d'aucun Pouvoir.

L'École sociétaire est bien moins encore une *Secte*.

Elle n'est pas une *Secte religieuse* parce qu'elle ne propose point à la Société l'adoption d'un nouveau Culte et ne fait dépendre la *Réforme sociale* d'aucune innovation religieuse, — quelles que soient les Religions admises dans le pays où elle se développe, et quelles que puissent être les opinions des membres de cette Ecole sur les Dogmes de telle ou telle de ces Religions.

Enfin elle n'est point une *Secte sociale*, puisqu'elle n'entend nullement affilier les Partisans de ses idées au nom d'une Foi commune, en former une Corporation, une Communion, vivant d'une vie spéciale au sein de la Société.

L'Ecole sociétaire est purement et simplement une *Ecole scientifique* qui, conformément au droit commun, expose, dans le domaine des *Faits intellectuels* et de la *Philosophie naturelle*, ses idées sur Dieu, sur l'Homme et sur l'Univers, et qui, dans le domaine des *Faits*

pratiques ou sociaux, se propose de faire l'application locale de son
Principe scientifique à une Opération *économico-industrielle*,
dans le but d'édifier le monde sur la valeur de ce Principe, et de
mettre l'Humanité en possession de ses Destinées heureuses, si
ce Principe est reconnu avoir la valeur sociale que cette Ecole lui
attribue.

Lorsqu'une Idée générale, une Idée sociale ou religieuse, se
produit dans le Monde et que ses Partisans ne sont pas encore
très-nombreux, ceux-ci tendent naturellement *à former Secte*, à se
séparer en quelque sorte de la Société, à se lier entre eux au nom de
la Doctrine commune pour réaliser une petite Église, une Famille,
et vivre d'une vie intérieure et corporative.

Cette tendance tient à la nature passionnelle de l'homme [30] ; elle
se manifeste infailliblement dans le cas dont nous parlons, celui
de l'apparition dans le monde d'une Idée générale, vraie ou fausse.

Pour donner de ce fait deux exemples pris aux deux extrémités de
l'Ère actuelle, et sans établir de comparaison entre les Doctrines,
nous rappellerons que le Christianisme, il y a dix-huit cents ans, et
que le Saint-Simonisme, de nos jours, ont manifesté l'un et l'autre
cette propension. Dès son origine, en effet, le Christianisme tendit
à fonder au sein du monde polythéiste une Famille chrétienne, une
Communion de Fidèles vivant d'une vie spéciale, et formant, au
nom de leur Foi nouvelle, une Société dans la Société. De nos jours,
le Saint-Simonisme a renouvelé le même phénomène, et nous avons
vu les partisans de cette Doctrine amenés, après quelques années
de pur Enseignement, à *réaliser une vie corporative*, et à former ce
qu'ils appelaient eux-mêmes la *Famille* Saint-Simonienne.

Les discords, les discussions, les dissensions et les conflits qui se
développent infailliblement au sein de toute Doctrine *qui tourne
son activité sur elle-même*, et qui veut réaliser l'Association de
ses membres dans une vie intérieure plus ou moins intime, par
la seule puissance d'une Foi religieuse ou sociale commune, en
l'absence des Conditions que la Science révèle comme essentielles
au maintien du Lien sociétaire ; ces discords, ces discussions et ces
conflits n'ont point permis à l'Association chrétienne intime des
premiers temps de subsister, et ont brisé également la Famille Saint-
Simonienne. Seulement le Christianisme, grâce à la puissance de

son Principe, a pu traverser cette époque de dissensions, subsister comme Doctrine religieuse et se développer dans le domaine spirituel. Ce n'est qu'en recourant à des Règles disciplinaires toutes particulières et très compressives, en procédant par exclusion, en éliminant la plupart des éléments dont se compose la vie sociale, qu'il est parvenu, et encore très-exceptionnellement, à réaliser les agrégations connues sous le nom de Couvents ou Monastères.

Que la tendance à former Secte, Corporation ou Eglise, à réaliser une vie intérieure plus ou moins intime au nom de la Doctrine sociale, de la Foi commune, puisse se manifester chez certains Partisans des Idées sociétaires, cela n'a rien qui doive étonner, eu égard à la nature passionnelle de l'homme : mais cette Constitution en Secte est formellement improuvée par la Théorie sociétaire elle-même. En effet, cette Théorie expose les CONDITIONS de l'ASSOCIATION, ou de la Formation et du maintien des Corporations harmoniques, et elle prouve que les tendances passionnelles, qui poussent virtuellement les individus à former ces Corporations, ne sauraient être convenablement développées et équilibrées en l'absence de ces Conditions indispensables.

Toute tentative dont le but serait d'organiser, au sein de la Société actuelle, des *relations individuelles, directes et actives, dans une Masse au nom d'une Foi commune*, ne serait, généralement, féconde qu'en déceptions et en mécomptes, puisque les *Discords* qui se développeraient naturellement et nécessairement dans cette Masse ne sauraient y être disciplinés et équilibrés ; voilà ce que déclare très-positivement la Théorie. Ainsi l'Union, l'Association *directe* des individus entre eux n'étant possible que par la Réalisation des Conditions précisées par la Théorie sociétaire, la simple Foi à cette Théorie, — nous le reconnaissons et nous le proclamons nous-mêmes, — est *absolument insuffisante* pour produire cette Union *directe*.

D'ailleurs une *Association des Croyants à la Doctrine de Fourier* n'a aucun rapport avec l'*Association intégrale des Éléments de la Vie industrielle, de la Vie générale*, dont ce Système se propose la Réalisation. Ce but n'est ni celui de la Théorie, ni le nôtre. Si nous prétendions fonder dans la grande Société une petite Société de Croyants, nous ne serions que des *Sectaires* d'un certain ordre. Or, la Société actuelle redoute la Secte, elle se délie de l'esprit de

Secte, et en cela elle a parfaitement raison. Si nous commettions la faute de constituer en Secte les Partisans de nos Idées, nous donnerions gratuitement nous-mêmes à nos Idées une fort mauvaise recommandation.

Il est donc entendu et bien entendu que, loin de songer à créer rien qui pût ressembler à une Corporation de Croyants vivant d'une vie intérieure, nous considérerions, au contraire, comme faux et funeste, le développement des tendances passionnelles qui pourraient pousser des esprits peu réfléchis à des tentatives condamnées par la Théorie que nous avons pour but de faire connaître et d'appliquer. Nous pensons que de semblables tentatives ne serviraient qua compromettre nos Idées aux yeux du monde, et n'aboutiraient à l'intérieur, comme la Science sociale l'établit d'avance, qu'à semer la discussion, la dispute, la zizanie dans les rangs de ses Partisans, et à y faire éclore les essors subversifs de la Passion individuelle.

Nous établissons donc :

1° Que l'Union ou l'Association *directe* d'une Masse d'individus ne peut être établie solidement que par la réalisation du Milieu systématique qui constitue la découverte de Fourier.

2° Qu'en particulier la simple Foi à la valeur de ce Système serait tout-à-fait insuffisante pour réaliser cette Association directe ; et que si des Disciples de Fourier, au mépris de l'esprit même de la Science de leur Maître, et cédant aux Tendances passionnelles qui ont agi sur les Partisans de toute Idée religieuse ou sociale nouvelle, tentaient de réaliser entre eux une Union générale directe au nom de leur Foi commune, ils n'arriveraient qu'à réaliser un foyer d'intrigues et de divisions intérieures. — En voulant constituer l'Union ils ne constitueraient que la Désunion.

3° Que la *Faculté d'Associer* dépendant du Mécanisme découvert par Fourier et non de là Foi à l'excellence de ce Mécanisme, le succès de l'expérience de ce Mécanisme n'exige pas même que la masse des individus, aux Relations industrielles de laquelle il devra être appliqué dans un Essai pratique, soit imbue de la Foi à la Doctrine dont ce Système relève.

Cette condition remarquable est bien propre à achever de définir, aux yeux de tout homme réfléchi, le caractère absolument scientifique de la Théorie sociétaire et à la séparer de toutes les autres Propositions vagues et indécises de Réforme sociale qui ont été ou qui peuvent être présentées. En effet, nous demandons quelle Doctrine a jamais compté sur la Vérité *scientifique*, c'est-à-dire sur la toute-puissance *naturelle* et *intrinsèque* de son Système organique, au point de ne pas exiger des hommes dont elle prétendait réaliser l'Association ou l'Union, une *Adhésion spirituelle*, une *Foi préalable* à ses Principes, ou même une simple connaissance de ses points fondamentaux [31].

L'objet de nos efforts n'est donc pas de créer dans la Société une *Secte phalanstérienne*, c'est-à-dire une Corporation de personnes professant une certaine Foi Sociale et s'associant plus ou moins directement *au nom* de cette Foi. Si nous cherchons à créer cette Foi dans la valeur de la Théorie découverte par Fourier, c'est uniquement pour obtenir, du désir commun de ceux qui l'acceptent, un Concours qui permette de réunir les ressources et les conditions nécessaires à l'Expérimentation de la Théorie. Nous ne tenons pas positivement à faire partager aujourd'hui notre Foi à la Société ; nous ne tenons décidément qu'à une chose : c'est que l'on reconnaisse, que l'on proclame la haute nécessité de soumettre à l'Expérience une Proposition de Réforme aussi féconde, aussi heureuse, aussi puissante que le serait, en cas de Réalité, celle que nous offrons, et que l'on comprenne que c'est un DEVOIR pour chaque homme vraiment religieux et ami de l'Humanité, de contribuer, en proportion de ses moyens, à l'Acte Décisif qui peut mettre un terme à toutes les Souffrances individuelles et à toutes les Misères sociales.

Si donc nous nous efforçons de faire connaître nos Idées, de répandre notre Foi sociale, c'est uniquement parce que, chez les âmes généreuses, la Foi provoque les Sacrifices et dicte les Œuvres. Peu importerait que l'on pensât comme nous, que l'on partageât notre Foi, que l'on fit des vœux pour le succès de nos efforts, que l'on se pâmât d'admiration devant le génie de notre Maître, si cette Foi, si ces vœux, si cette admiration devaient rester stériles pour l'œuvre que nous avons entreprise, et ne déterminaient pas des Sacrifices et un Concours en faveur du triomphe de notre cause. Nous préférerions, et de beaucoup, à la Foi stérile de ceux-là, le Doute philosophique des hommes qui, tout en réservant leur conviction, reconnaîtraient cependant qu'il est de leur Devoir de contribuer à l'œuvre de la Vérification du Système que nous proposons.

II. *Importance de l'Unité d'action.*

Il demeure donc bien établi que nous procédons Scientifiquement, que nous produisons une Théorie dont nous demandons la vérification à l'Expérience, que nous travaillons à une Réforme dans la Constitution de la Société, et non à l'établissement d'une nouvelle Religion, ou à l'organisation d'une petite société dans la grande, que nous formons une École et non une Secte, et que, par conséquent, ceux qui nous traitent de Sectaires ignorent absolument le sens du mot dont ils se servent, ou ne comprennent ni notre mode d'action, ni le sens de nos efforts.

S'il n'est point dans la donnée de notre Œuvre, et s'il est même contraire à l'esprit de notre Théorie de chercher à constituer des rapports directs et corporatifs entre les personnes qui arrivent à nos Principes, il est de notre devoir de créer pour elles, autant que faire se peut, de sages conditions de *Concours ou d'Unité d'Action*, d'imprimer à leurs efforts une Direction convergente, de les réunir sur un But commun.

À quoi servirait en effet de créer des Convictions, si les Forces acquises devaient se diviser et s'éparpiller au lieu d'apporter progressivement à un Centre commun les ressources, les moyens, la puissance nécessaires pour obtenir le résultat d'où dépend le triomphe de la cause embrassée, la Vérification pratique de notre Système d'Association ? La Propagation des Idées dans le milieu ambiant n'en devrait pas moins être continuée sans doute, mais la Réalisation serait ajournée à un avenir indéterminé. Il faudrait attendre qu'il convînt à quelque Gouvernement de tenter l'expérience. Or, en fait d'Idées nouvelles, et notamment d'Idées sociales, les Gouvernements d'aujourd'hui, surtout les Gouvernements prétendus progressifs, restent toujours fort longtemps en arrière…

Dans l'intérêt de notre Cause, nous devons donc chercher à réaliser, autant que possible, l'*Unité d'Actions* et d'Efforts des hommes conquis à notre Doctrine.

Nous disons, autant que possible ; car cette Unité d'Action que nous invoquons, et qui n'est pas l'Association directe des personnes entre elles, mais la simple Convergence de leurs Efforts sur un But commun, n'est point susceptible elle-même d'une Réalisation absolue dans les conditions sociales actuelles. En effet, dans de pareilles conditions, cette Unité d'Action ne saurait être obtenue que par une *subordination volontaire* des individus à un Centre d'Action et de Direction, subordination qui exige souvent le sacrifice des idées individuelles, des opinions particulières et de l'amour-propre, qui demande beaucoup de raison, un sentiment profond des intérêts de la Cause commune, et qu'il serait déraisonnable d'attendre de tout le monde dans un siècle où l'esprit de discussion, d'opposition, de négation et de critique est devenu l'esprit dominant, le Ton de l'époque.

Nous ne saurions donc aucunement garantir d'une manière absolue cette désirable Unité d'Action, car il ne dépend pas de nous de réunir toutes les Volontés à notre Œuvre. Seulement ce que nous pouvons faire, ce que nous n'avons cessé et ce que nous ne cesserons de faire, c'est de créer les Conditions d'une Action forte, d'attirer progressivement à notre Foyer d'activité les bons éléments de vie, d'avenir et de puissance, et de convier tous les hommes dont le caractère peut honorer notre cause, et dont le concours peut lui être utile, à nous apporter, dans les conditions où nous nous sommes placés, le tribut de leurs efforts, de leurs lumières et de leur dévouement.

III. *Constitution organique de l'École dans les formes légales.*

Ayant fait connaître les Principes *théoriques* sur lesquels repose l'École que nous constituons, ainsi que les Principes de conduite qui nous dirigent, il ne nous reste, pour compléter le présent Manifeste, qu'à faire connaître les formes que nous avons dû adopter pour répondre aux exigences de ces Principes, et le *système des Moyens de Concours* que nous avons jugé le plus propre à établir l'Unité d'Action nécessaire au succès et à la dignité de cette École.

Notre But général est l'établissement de l'Association intégrale des Individus, des Classes et des Peuples ; notre objet spécial est l'Expérimentation de la Loi ou du Procédé naturel d'Association découvert et proposé par Fourier.

Pour arriver à l'Épreuve décisive de ce nouveau Procédé social, nous avons dû et nous devons en faire connaître la nature, le faire désirer, en faire vouloir la Réalisation, en un mot, créer et réunir les ressources nécessaires à l'exécution de l'Épreuve. La Réalisation de notre Doctrine a donc exigé et exige un Système de Propagation.

Ainsi que nous l'avons établi généralement pour toute Doctrine réelle de Réforme sociale (voir page 47), nos deux tâches, nos deux Devoirs consistaient donc à organiser la Production de notre Doctrine dans le domaine intellectuel, et à préparer les éléments d'une Réalisation expérimentale sur le terrain pratique.

Nous avons travaillé activement depuis dix années à l'accomplissement de ces deux tâches, et il nous a été enfin donné de pouvoir organiser régulièrement nos efforts, en constituant le 15 juin 1840, dans les termes et dans les formes légales, la Société *pour la Propagation et pour la Réalisation de la Théorie de Fourier.*

Cette Société, comme son nom même l'indique, a pour objet de donner à la Production publique de la Théorie, par tous les moyens *convenables et légaux*, la plus grande extension possible, et en même temps de préparer et d'opérer la Réalisation expérimentale de cette Théorie.

Conséquemment à ce double objet :

Pour lu Propagation. — La Société rendue propriétaire, pendant sa durée entière, de tous les ouvrages et manuscrits de Fourier, des ouvrages des principaux écrivains de l'École, des portraits et bustes authentiques de Fourier, etc., etc., fait fonction de Librairie et joint à ce mode de publicité fixe, le mode périodique par la publication du Journal *La Phalange* dont elle est également propriétaire.

L'Exposition de la Doctrine est spécialement l'œuvre des Livres ou publications fixes.

La défense des Principes généraux, l'application de ces Principes à l'appréciation critique des idées et des actes qui se produisent dans le domaine public, à la solution ou à la discussion des questions de tous ordres que les événements posent chaque jour, tel est l'objet plus particulier du Journal.

Ces deux modes de publicité sont également nécessaires à la Propagation de nos Théories. L'École ne s'est établie que du jour où elle a réuni ces deux éléments. La publication d'un Journal a seule fait connaître, et peut seule répandre les ouvrages d'Exposition. Aussi, dès le jour où ces deux éléments ont été réunis, n'avons-nous cessé de gagner du terrain : les développements que nous donnons à ces deux modes de publicité nous permettent de calculer le temps où nos pacifiques et bienfaisantes Idées auront éclairé et conquis l'Opinion publique. L'Opinion s'est considérablement modifiée déjà depuis dix ans, et, sans qu'elle en ait encore conscience, il est certain qu'elle a marché vers nos Idées, et que c'est la promulgation de ces Idées qui l'a fait marcher dans ce sens [32].

Nous nous proposons de compléter quand nous le pourrons notre Système de Publicité par la création d'une Revue. De cette sorte, nous aurons organisé les trois modes de Publicité :

Publications fixes ou de librairie ;

Publication périodique à termes rapprochés ou quotidienne ;

Publication périodique à long terme.

C'est là, comme on le voit, le Système de *publicité composée* le plus complet que l'on puisse mettre directement au service d'une Idée. — À l'enseignement écrit nous joignons plus ou moins fréquemment l'enseignement oral, et la Société s'attachera à développer autant que possible cet élément de Propagation.

On voit donc que notre Société, constituée dans les *formes légales*, réalise sous des formes *légales aussi* (établissement d'une Librairie spéciale et publication de Journaux) la Promulgation de la Doctrine [33] ; — c'était notre première tâche.

Quant à la seconde tâche, — la préparation de l'Épreuve pratique, — notre Société est également en voie d'exécution.

En effet, elle possède des travaux considérables en Projets d'architecture, devis et calculs industriels sur les éléments nombreux et compliqués qui entrent dans la composition d'un Essai sociétaire, et dont il est indispensable d'avoir failles études pour tenter une semblable opération. Ces travaux préparatoires, nécessaires pour effectuer la transition de la Théorie à la Pratique, ont été commencés dès l'année 1833 et sont aujourd'hui terminés et déposés au bureau de *La Phalange*. Aussi n'attendons-nous, pour passer à l'Essai pratique, que la Réalisation des ressources et des capitaux nécessaires pour l'exécution.

La Société que nous avons fondée n'est donc autre chose que l'établissement, sous Formes légales et régulières, du double Système d'Activité qui nous était imposé par les conditions mêmes du Développement et de la Réalisation de notre Doctrine sociale. Cette forme nous permet d'ailleurs d'opérer *légalement* l'Association des efforts des partisans de nos idées, et d'imprimer à leur zèle une direction unitaire. C'est ce qu'il est facile de voir en examinant la question des Moyens de Concours offerts aux personnes qui veulent allier plus ou moins directement, plus ou moins fortement leurs efforts aux nôtres.

IV. *Systèmes des Moyens de Cuncours.*

Les Moyens de Concours à notre œuvre sont de trois ordres :
Concours intellectuel ;
Concours d'activité ;
Concours financier.

Concours intellectuel.

Ce genre de Concours consiste à coopérer avec nous, et dans la ligne générale de direction que nous suivons, à la Propagation de nos Idées par des travaux et par des écrits de toutes sortes.

Ceux qui connaissent la Doctrine et qui sont en position d'écrire, ne doivent rien négliger pour se servir de toutes les voies de publicité qui peuvent leur être ouvertes. La Presse des départements, plus calme, moins soumise à l'influence des intrigues politiques qui éloignent sans cesse la Presse parisienne des véritables questions sociales, est généralement accessible au développement de nos vues conservatrices et progressives. Nous ne saurions trop engager les partisans de notre Doctrine à en introduire les Principes dans les feuilles où ils pourront faire admettre des articles. Nous leur recommandons surtout d'agir avec mesure, de se mettre à la portée des lecteurs des feuilles dans lesquelles ils écrivent, d'aller sur le terrain de ceux-ci plutôt que de vouloir les entraîner de vive force dans les régions de la Théorie, enfin de ne pas les effrayer par un appareil trop nouveau, trop technique, trop systématique, et par le bruit d'un enthousiasme trop fougueux.

L'École sociétaire est constituée ; elle a conquis dans le domaine de la publicité et son nom et son terrain. Il faut maintenant sortir du terrain technique et spécial de l'École pour aller sur le terrain où le public se trouve ; il faut parler à celui-ci sa langue, et, à propos de toutes les questions dont il se préoccupe, lui montrer, par une critique ou par une solution, la valeur supérieure du Principe sociétaire ; car il n'est pas de question que ce Principe ne puisse aborder et sur lequel il ne lui soit donné de jeter une vive lumière. C'est ainsi que l'on fera passer les esprits, de leurs idées actuelles, aux idées nouvelles qu'il faut leur inculquer ; c'est ainsi qu'on éveillera en eux le désir de connaître la Théorie, et qu'on les amènera à en étudier avec intérêt, avec soin, avec faveur, les Procédés techniques de Réalisation.

Les points capitaux qu'il faut développer partout et sans relâche sont ceux-ci :

1. La Politique sociétaire (la Politique qui a le principe de l'Association pour base) peut seule résoudre d'une façon durable et heureuse toutes les difficultés intérieures et extérieures auxquelles la vieille Politique ne sait appliquer que des Répressions ou des Révolutions ;

2. L'organisation de l'Industrie et du Travail est une question mille fois plus importante qu'aucune Réforme politique ne saurait l'être aujourd'hui : — une Réforme industrielle peut seule d'ailleurs, en harmonisant les intérêts, créer les Conditions d'un bon Gouvernement ;

3. Tout système sérieux de Réforme sociale repose, en principe, sur le Plan d'une Organisation déterminée de la Commune ;

4. Les Décrets d'un Pouvoir législatif quelconque étant impuissants à faire qu'un mauvais Système social soit bon, c'est à l'Expérience de décider en dernier ressort de la valeur de toute Proposition de Réforme sociale ;

5. La Société tout entière, devant laquelle et pour laquelle se

fait l'Épreuve d'une Innovation sociale quelconque, est juge de la valeur de l'Innovation, et c'est l'Acceptation libre du Procédé nouveau, l'Imitation spontanée de la Combinaison nouvelle, qui expriment le Jugement de l'Humanité.

Quand ces points généraux seront admis, quand la Société comprendra que ce qui lui importe souverainement, c'est d'être constituée sur le Principe de l'Association ; quand on saura que l'Organisation de l'Industrie, du Travail, est le grand Problème de l'époque ; lorsqu'on aura reconnu que toute Théorie de Réforme sociale est tenue, sous peine de n'être qu'une Vacuité, de produire un Système d'Organisation de la Commune conforme à son Principe et vérifiable par une Expérience locale ; lorsque ces bases fondamentales de la Politique positive seront acceptées ; alors l'Opinion publique rejettera avec mépris toutes ces misérables cacophonies politiques, philosophiques, sociales, etc., toutes ces choses vagues et subversives, toutes ces choses sans forme et sans fond, auxquelles on coud si risiblement le nom de Réforme. Les esprits alors provoqueront l'application de la *Méthode expérimentale* aux questions de Réforme industrielle et de Progrès social ; ils voudront que l'*Expérience* soit appelée à prononcer sur tous les Systèmes qui se présenteront avec quelque autorité logique.

Cette disposition est tout ce que nous devons exiger. Les intelligences qui arrivent à ce point sentent bientôt le besoin d'étudier notre Théorie, de remonter au foyer de la Science, et ne tardent pas à se mettre avec nous à la poursuite d'un But dont chaque jour nous rapproche.

Les Principes qu'il importe fondamentalement de faire accepter à l'Opinion étant indiqués, c'est aux écrivains qui tenteront de les soutenir, de choisir les arguments et les formes les plus propres à les faire prévaloir devant le public auquel ils s'adressent. Toute question politique ou industrielle, petite ou grande, nous le répétons, peut servir de texte au développement de ces Principes fondamentaux. C'est du reste ce que *La Phalange* prouve de fait, puisqu'il n'est aucune des Questions d'Actualité qu'elle n'aborde, et qu'il n'est pas un seul de ses articles qui, *sous la forme* d'une discussion politique, industrielle, artistique, etc., ne soit, *au fond*, un article de *Doctrine sociétaire*.

Victor Considerant

Il importe beaucoup, en outre, que ceux qui veulent s'associer à nous en Concours intellectuel, fassent sur les ouvrages de l'École et sur les publications avouées, encouragées ou éditées par la *Société pour la Propagation et la Réalisation*, des articles de compte-rendu dans les Journaux où ils trouveront accès. Il faut que nous arrivions à ce point que, aussitôt une brochure, un livre, un écrit quelconque signalé par *La Phalange* comme utile à notre cause, cet Écrit reçoive dans toutes les provinces, dans tous les départements et à l'étranger la plus grande publicité. Il est de la plus haute importance que tous ceux qui sont en position de coopérer à ce vaste système de publicité convergente, établi au profit des Principes sociétaires, considèrent les démarches et les travaux dont nous parlons comme un des premiers *Devoirs de notre Service d'Unité*.

Les Expositions de la Théorie insérées dans certaines feuilles peuvent aussi avoir de bons résultats. Il faut s'attacher surtout dans ces sortes de travaux à mettre quelques grands Principes en lumière, à frapper l'esprit par le développement de quelqu'une des grandes faces de la Théorie sans prétendre conduire le lecteur dans la connaissance approfondie de l'ensemble. Il vaut mieux faire naître en lui le désir d'une étude sérieuse, que de lui offrir un tableau superficiel duquel il croie pouvoir se contenter. Enfin, quand on développe les vues si neuves de Fourier sur l'Organisation de la Société, c'est leur caractère de parfait *bon sens* qu'il faut aujourd'hui surtout présenter avec soin aux lecteurs.

Dans l'intérêt de la Cause, nous engageons les auteurs des travaux qui ne seraient pas adressés à *La Phalange*, et qui devraient voir le jour dans des feuilles de province, par exemple, à communiquer leurs articles aux personnes de leur localité qui sont connues pour posséder depuis le plus long temps la Théorie, pour l'entendre avec le plus d'intelligence et la présenter avec le plus de convenance.

Autant que possible, *La Phalange* reproduira ou signalera les travaux qui auront été publiés dans les conditions que nous venons de faire connaître.

Quant aux travaux que l'on nous adressera pour être publiés ou édités par nous-mêmes, ils seront toujours examinés avec soin par le Conseil de rédaction de *La Phalange*[34] part des hommes spéciaux, des études faites au point de vue de la Science sociale sur les objets de leur spécialité.

Les Manuscrits trop considérables pour paraître dans *La Phalange* pourront être édités directement par la Société : il suffira que le Conseil de rédaction les juge susceptibles de compenser, pour le service de la Cause, les frais et avances d'impression.

Il est encore des communications que nous recevrons avec reconnaissance : ce sont les Renseignements, les Nouvelles, les Rectifications de faits, etc., etc. Nous engageons nos amis de l'intérieur et de l'extérieur à adresser à *La Phalange* les communications intéressantes que les circonstances les mettraient à même de pouvoir nous faire.

Achevons ce que nous avons à dire sur les moyens de Concours intellectuel, en ajoutant que non-seulement nous sommes très-disposés à écouter les avis, les renseignements et les critiques que l'on croirait devoir nous adresser dans l'intérêt de l'Œuvre que nous accomplissons, mais encore que nous sollicitons très-ardemment toutes les lumières qui peuvent nous aider, soit à réparer une erreur, soit à éclairer notre marche. Lorsque nous reconnaissons la justesse d'une critique ou d'un avis, nous y déférons, et nous nous réjouissons d'avoir été avertis. On nous trouvera donc toujours aussi reconnaissants des critiques qui nous seront directement et honnêtement adressées, que nous aurons le droit de l'être peu du dénigrement qui s'exercerait contre nous et contre nos actes.

La critique et la manifestation de l'opinion *individuelle* ont, il faut bien qu'on le sache, leurs-conditions d'action *harmonique* et leurs conditions d'action *subversive*. Il importe de faire connaître ces conditions :

Lorsque, dans un mouvement *quelconque*, il existe un *Centre d'Impulsion et de Direction*, dont la tâche est de régulariser, de coordonner et d'unitariser les efforts d'une Masse, la Critique et la manifestation de l'opinion individuelle sont *harmoniques*, à la condition qu'elles s'adresseront directement au Centre pour l'éclairer s'il y a lieu, pour lui soumettre des idées, des vues dont il peut faire son profit dans l'intérêt de la cause.

Mais, si la critique, ou si l'opinion individuelle, au lieu de s'adresser au Centre et seulement au Centre, agit en dehors de lui, elle devient un germe de dissolution et de division intestine, elle s'exerce en mode *subversif.*

Les opinions individuelles sont, de leur nature, multiples et divergentes. Il ne peut y avoir convergence, *dans le milieu actuel*, qu'à la condition que chaque individualité soit disposée *à sacrifier* sa propre manière de voir à un jugement supérieur, et résolue à accepter la Direction régulière d'un Centre d'activité et d'impulsion. Toute la question consiste donc pour chacun, quant à la marche de nos Idées en particulier, à décider si l'on veut ou si l'on ne veut pas se rallier à notre Direction. Chacun est libre sans doute d'accepter ou de ne pas accepter l'Autorité morale de cette Direction. Nous ne pouvons pas empêcher que tel ou tel partisan de la Théorie de Fourier se tienne en dehors de notre mouvement, qu'il y soit même hostile, qu'il ne reconnaisse point les titres que donnent au Centre que nous constituons l'ancienneté, la persévérance du dévouement, des travaux qui datent de l'origine de l'École et qui l'ont fondée, une longue expérience, des peines et des sacrifices de toutes sortes, de grands résultats obtenus, et, nous croyons pouvoir le dire, une modération, une prudence, une connaissance de plus en plus approfondie des conditions du succès de notre cause, enfin, le concours des intelligences distinguées et des nobles cœurs qui partagent ou secondent nos travaux. Nous ne pouvons point, en un mot, empêcher directement les dissidences et les divergences, puisque notre Autorité n'est et ne peut être qu'une Autorité purement morale, une Autorité que chacun est libre de décliner, contre laquelle même chacun est libre de travailler par tous les moyens, et dont l'acceptation ne saurait être en définitive qu'un fait *absolument volontaire* de la part de ceux qu'il a reconnaissent.

Mais que ceux qui comprennent la nécessité d'une Direction centrale forte, puissante et respectée, que ceux qui par sympathie, ou seulement par raison, veulent s'allier à nous, que ceux-là du moins connaissent bien les conditions véritables de l'Unité ; qu'ils sachent bien que la critique d'un acte, la manifestation d'une opinion, d'une vue individuelle concernant les intérêts de la Propagation et de la Réalisation doit s'adresser au Centre directement, au Centre seulement ; que toute critique qui s'exerce en dehors d'un Centre sur ce Centre, sur ses actes, sur sa ligne de conduite, est un ferment de dissolution ; que toute discussion qui tend à s'établir dans l'armée, sur les mouvements de l'armée, sur les plans de campagne, est féconde en conséquences funestes, en un mot que c'est au Conseil supérieur de Direction que toute idée tendant à modifier la Direction doit être adressée, et que c'est ce Conseil qui doit être juge de la valeur et de l'opportunité de l'idée. Il n'y a d'Unité possible qu'à cette condition, dans notre camp comme dans tout autre camp. Ceux donc qui veulent l'Unité doivent en vouloir la condition, et la première condition, c'est l'existence d'un Centre de Direction, d'une Autorité acceptée, aidée, secourue, et non d'une Autorité attaquée, tiraillée et battue en brèche.

Les conditions de l'Unité du Concours que nous sollicitions étant établies, passons à l'examen du second mode.

Concours en Activité.

Tout le monde n'écrit pas, mais chacun parle et peut agir. Or, s'il est nécessaire à la Propagation d'une Conception, d'une Doctrine, au triomphe d'une Idée nouvelle, que cette Idée se manifeste et s'expose dans de bons écrits, qu'elle inspire d'intelligents, de savants travaux ; ces œuvres de la Science et du Talent ne produisent leur effet utile qu'à la condition de se répandre. Donc les hommes qui contribuent par leur activité à la circulation des productions intellectuelles d'une École sont d'aussi précieux artisans du succès de l'École, d'aussi utiles Apôtres de l'Idée, de la Conception, de la Doctrine, que ceux qui traduisent dans de bons écrits les Principes et les Vérités qui la constituent.

Il résulte de là que chacun de ceux qui l'ont à cœur peut réellement, dans sa sphère d'activité et d'influence, quelque réduite qu'elle soit ou qu'elle lui paraisse, concourir, plus ou moins puissamment, au succès de cette Œuvre, c'est-à-dire à la Propagation de nos principes, et à la Réalisation expérimentale que nous poursuivons.

Ce que nous recommandons avant toute chose, ce dont on doit s'occuper sans se lasser, c'est de conquérir incessamment de nouveaux lecteurs à *La Phalange*, organe de la Doctrine et moyen d'action de l'École.

Une Idée ne peut faire son chemin que par la Presse, et, en France surtout, que par la Presse périodique. Le Public ne s'occupe que de ce que ses Journaux lui signalent. Malheureusement la Presse des Partis n'est pas organisée pour le progrès des Idées, pour l'élucidation et l'impartial examen des Conceptions nouvelles. Au contraire, la Presse de la Capitale, généralement, du moins, est ce qu'il y a de plus étroit, de plus illibéral, de plus routinier, de plus hostile à l'endroit de toute Idée réellement nouvelle. Cette Presse est aujourd'hui, en fait, une grande Puissance anarchique, subversive et obscurante. Au lieu d'aller au devant des Idées nouvelles, de les juger avec impartialité, d'en tirer ce qu'elles peuvent avoir de bon et de servir ainsi le Progrès et l'Humanité, la Presse politique de Paris, qui ne vit que de querelles, d'accidents, de diatribes, de misérables faits du jour, d'agitations, d'irritations et d'intrigues, s'entend parfaitement à étouffer toute Idée nouvelle aussi longtemps que la chose est possible ; puis à la dénigrer, à la calomnier, à la défigurer, à la mutiler dès que, par sa virtualité propre, l'Idée commence à se produire ; enfin, ce qui est souvent fort nuisible, à s'approprier des lambeaux ou des termes de l'Idée au fur et à mesure que celle-ci prend crédit, et à l'associer ainsi, du moins en apparence, à la défense de ses Erreurs et de ses Passions.

En résumé, la Presse périodique actuelle, la Presse des Partis n'accueille pas une Idée nouvelle ; elle l'étouffé, elle la calomnie, elle la déchire. Voilà le fait dans sa généralité : quelques exceptions honorables que nous nous empressons toujours de signaler, quelques bons témoignages individuels glissés furtivement de temps à autre dans les colonnes de tel ou tel Journal, n'infirment point la règle générale.

Il faut donc qu'une Idée nouvelle s'impose de haute lutte à la Presse, qu'elle se répande dans le Public par ses propres forces, c'est-à-dire qu'elle se crée à elle-même sa Presse périodique, puisque c'est le seul moyen, aujourd'hui, d'acquérir publicité, créance et puissance.

Nous l'avons déjà dit, tout s'est passé ainsi pour la Doctrine de Fourier. Pendant vingt-trois ans qu'elle a été privée d'un Journal, et renfermée dans les Livres du Chef et de son premier Disciple [35], ces Livres sont restés totalement inconnus au Public ; pendant vingt-trois ans la Conception de Fourier a été étouffée par la Presse [36] ; quelques insultes seulement et quelques calomnies ont interrompu ce long silence. Aussi, pendant ces vingt-trois années, la Doctrine n'a pas gagné un pouce de terrain dans le domaine de la Publicité.

Depuis que nous avons créé un Journal, au contraire, elle a marché à grands pas. Les ouvrages de Fourier, dont les éditions entières étaient restées en magasin, se sont répandus, et la Presse elle-même a été forcée dans ses retranchements.

Le Journal est donc le PIVOT de la Propagation.

Pour ouvrir au Journal une large voie, il fallait, une fois l'École constituée sur une certaine base, viser à prendre les formes de Publicité auxquelles on est généralement habitué, et mettre le Journal en rapport avec les besoins du Public[37].

Depuis que La Phalange donne des nouvelles, rend compte des Chambres et des Tribunaux, suit le cours de la discussion publique et applique ses Principes à l'élucidation de toutes les questions dont l'Opinion est occupée, en un mot, depuis qu'elle fait fonction de *Journal quotidien*, les amis des Idées que nous défendons peuvent, avec facilité, substituer autour d'eux ce Journal aux autres.

Nous ne craignons pas d'affirmer que si, dès aujourd'hui, ceux qui désirent le développement de nos Principes commençaient à agir tous avec activité, avec zèle, avec persévérance dans la direction que nous indiquons, nous ne craignons pas d'affirmer que sous très-peu de temps l'Organe de l'École Sociétaire aurait acquis une publicité immense et une influence considérable : nous pouvons en juger par les développements que *La Phalange* prend maintenant dans les localités où elle est servie par des personnes qui déploient quelque ardeur à la répandre.

Ce n'est pas tout de propager *La Phalange* ; il faut ensuite faire circuler les livres et les brochures de l'École, et donner aux esprits une nourriture de plus en plus forte, au fur et à mesure qu'ils y prennent goût. Ce goût demande à être excité, et peut l'être : c'est aux amis de nos Idées à y pourvoir. Il est bien entendu que, toutes choses égales d'ailleurs, les personnes auxquelles il convient le mieux de s'adresser sont celles qui, par leur intelligence, leur influence, leur position, leur dévouement, leur caractère honorable ou leur fortune, peuvent rendre à la cause les plus grands services. Il ne faut pas convertir tout le monde. Il est des gens qu'il vaut mieux avoir contre soi qu'avec soi, et qui compromettent une Cause plus qu'ils ne la peuvent servir. Le nombre est bon, mais la qualité vaut mieux encore ; il faut chercher à avoir l'un avec l'autre.

Victor Considerant

Parlons du troisième mode de Concours.

Concours financier.

Le Concours en Finances est celui que doivent se proposer de provoquer les deux autres, puisque les actes de la Propagation convergent sur un But spécial qui est la réunion des Capitaux nécessaires à la Réalisation d'un Essai sociétaire.

Il faut donc que-non-seulement chacun de ceux qui ont foi à notre Œuvre, mais encore que chacun de ceux qui pensent que la Vérification de nos Propositions sociales est d'une haute importance, ou qui regardent nos Principes généraux comme capables d'exercer une heureuse influence sur les esprits, d'imprimer une bonne direction à l'Opinion égarée par les erreurs et par les passions de la vieille Politique, il faut que chacun d'eux contribue au développement de notre Œuvre et lui paie, dans la mesure de ses moyens, un impôt volontaire.

La première contribution à payer à notre œuvre, c'est l'*abonnement a La Phalange*. Cette contribution, il est vrai, au prix où est ce Journal, ne constitue pas pour notre Société un secours pécuniaire sensible ; mais, en raison de l'importance que nous attachons à la Circulation de ce Journal, ce tribut est le premier que nous conseillons d'apporter à la Cause. Nos amis devront donc s'attacher à faire comprendre à tous ceux qui témoignent de l'intérêt pour nos Principes, que la première preuve effective de bonne disposition à donner, c'est de demander le Journal qui défend ces Principes.

Après l'abonnement au Journal vient l'achat des livres publiés par notre Société. Cette seconde Contribution est plus productive que la première. C'est le débit des livres qui, en prenant plus d'extension, doit amener la Société à faire ses frais de Propagation [38] ; d'ailleurs la circulation des ouvrages ne saurait être trop activée. Nous engageons donc les amis de nos Idées, non-seulement à prendre des exemplaires de nos diverses publications pour eux-mêmes, mais encore à s'imposer la tâche d'en placer autant que possible.

Enfin le dernier système de Contribution financière consiste à souscrire des Actions de notre *Société pour la Propagation et pour la Réalisation de la Théorie sociétaire*. Ces Actions sont de trois espèces, les unes de 5,000 francs, payables en quatre années, les autres de 500 francs, payables en deux années.

Des Actions de 50 francs ont, en outre, été créées pour satisfaire aux désirs des personnes dont les ressources sont très-restreintes, mais qui pourtant ont à cœur de donner la preuve de leur bonne volonté en s'associant pécuniairement à la Propagation et à la Réalisation de la Théorie.

L'extension de nos Opérations devant nécessairement se régler sur le budget de nos ressources, on comprend qu'il nous importe beaucoup de connaître continuellement la somme sur laquelle nous pouvons compter, ainsi que le *minimum* approximatif de nos ressources pour les prochaines années. Nous faisons donc appel à tous ceux qui portent, à un titre quelconque, intérêt à nos travaux ; nous les engageons à se mettre, sans plus tarder, en rapport avec nous et à nous apporter, en proportion de leurs convictions, de leur dévouement à l'humanité et de leurs moyens, leur part de Concours en *Capital*, en *Travail intellectuel* et en *Activité* de Propagation.

La cause n'a marché jusqu'ici que grâce à de continuels Sacrifices dans ces trois ordres. Maintenant que l'heure du triomphe approche, on doit tenir à honneur comme à devoir de s'associer à l'Œuvre.

Il est bien entendu que notre appel ne s'adresse pas seulement à ceux qui partagent nos convictions sur la Valeur intrinsèque du Procédé sériaire que nous voulons expérimenter. Il n'est pas nécessaire de croire à *priori* à la Théorie de Fourier pour désirer que l'on en fasse l'Essai et que l'Expérience tire de la Théorie tout ce que celle-ci peut contenir de bon, d'heureux, de bienfaisant. À quelque point de vue que l'on soit placé (sauf celui de l'indifférence sociale absolue), l'Expérience que nous poursuivons doit paraître un fait d'une très-haute importance. Nos ennemis eux-mêmes (et nous n'avons d'ennemis que parmi les gens qui ne connaissent aucunement nos Idées ou qui les comprennent à rebours), ceux qui crient bien haut que nos Principes sont très-mauvais, très-dangereux, doivent désirer de toute la force de leur haute moralité, de toute leur noble haine pour des « théories séduisantes et captieuses qui font des progrès effrayants, etc., etc., » ceux-là

Victor Considerant

doivent désirer, tout aussi vivement que nous le désirons dans un autre espoir, l'*Expérience* qui prouverait aux yeux de tous la *vanité de ces théories*, qui ruinerait par la base ces *dangereuses nouveautés*.

D'autre part, il suffit d'avoir compris la sagesse, la justesse, la rigoureuse vérité des principes émis dans ce Manifeste, sur les Conditions générales de la *Stabilité* et du *Progrès* ; il suffit d'avoir reconnu que ces principes constituent les *vraies Bases de la Politique positive* ; qu'il est extrêmement urgent de les faire prévaloir sur les Erreurs et sur les Passions qui troublent le Présent, qui menacent gravement l'Avenir ; il suffit d'avoir senti qu'elle heureuse influence la Vulgarisation de ces principes exercerait immédiatement sur la Société actuelle, sur la direction des esprits, pour que ce soit un *Devoir de Patriotisme et d'Humanité* de contribuer à leur développement.

Quand encore un Essai sociétaire ne réaliserait pas tous les beaux résultats que nous en attendons ; quand bien même nous devrions échouer complètement, notre Essai et nos Travaux rendraient toujours à la Société un service plus grand que tous ceux qui lui ont été rendus dans les temps modernes, puisqu'il aurait pour effet de lui apprendre comment s'éprouvent les Théories de Réforme sociale, comment se vérifient les Propositions de Progrès, et qu'il contribuerait puissamment à faire passer la Politique, du domaine vague, incohérent, anarchique et révolutionnaire, sur le domaine calme et intelligent de la Science et des Méthodes expérimentales.

On peut donc se rallier à nos Principes généraux et scientifiques comme on se rallie aux Principes plus on moins vagues, plus ou moins incomplets, plus ou moins faux de tel ou tel Parti Politique ; on peut aussi nous aider DUBITATIVEMENTet en FAISANT SES RÉSERVES relativement aux *Points de Doctrine* sur lesquels on n'est pas suffisamment édifié. On peut, en un mot, sans être *Phalansièrien* on, comme on dit à tort, *Fouriériste*[39] concourir à l'œuvre si importante qui a pour but de vérifier par l'expérience la Théorie de Fourier, d'édifier la Société sur la valeur du Système proposé par cet homme de génie.

Aujourd'hui, nos adversaires les plus acharnés, les plus injustes, les plus ignorants, en sont réduits à confesser eux-mêmes qu'il y a d'excellentes choses dans le Système sociétaire, que l'Humanité tirera certainement profit des bonnes dispositions qui s'y trouvent, Mais dès lors, quel meilleur Crible que l'Expérience pour séparer le bon grain de l'ivraie ? Et quoi de plus urgent que de mettre à même de réaliser cette Expérience ceux qui, par leur position, par leur dévouement bien prouvé, par leurs longues études, par leurs rapports avec Fourier, et si l'on veut même, par amour-propre, doivent apporter le zèle le plus grand, la plus ardente sollicitude *à tirer de la Conception de Fourier le plus de Bien possible*, à lui faire produire *tout le Bien qu'elle peut contenir ?*

Qu'on y songe ! C'est la question des Destinées de l'Humanité que nous posons devant le Siècle. Si la simple expérience dont nous proposons l'exécution réussit, la Misère, la Fourberie, la Violence, l'Hostilité des classes, les Guerres intestines, les Guerres étrangères, tous les Vices qui rongent l'Humanité, tous les Fléaux qui la ravagent sont à jamais anéantis. L'Humanité entre dans les Voies glorieuses de la Richesse générale, de la Paix générale, de la Vérité, de la Justice. Si l'Art d'associer est réellement découvert, si le *Procédé Sériaire* permet effectivement de réaliser l'Ordre par la Liberté, de remplacer le Morcellement, l'Incohérence, la Division, l'Anarchie par le Ralliement libre et convergent des Forces humaines, par l'Unité des Intérêts, des Volontés et des Actes, toutes les Réformes, toutes les Améliorations matérielles, morales, politiques que l'on poursuit partiellement, tous les désirs que les cœurs les plus généreux ont formés pour l'Humanité, sont réalisés synthétiquement et dépassés au-delà de toute espérance. Si l'on peut lier par l'Association les Familles et les Intérêts, aujourd'hui divergents, juxta-posés en système morcelé dans la Commune, — la Fusion des Partis, l'Accord des Classes et des Peuples sont assurés !

Quelle plus grande œuvre de véritable Patriotisme et de véritable Philanthropie, quelle plus pressante, quelle plus sainte œuvre de Charité chrétienne et véritablement évangélique pourrait-on faire aujourd'hui, que de contribuer à la Vérification que nous réclamons de nos contemporains ?

Mais ceux qui s'efforcent de porter pieusement et charitablement secours aux Misères qui les environnent, savent-ils bien que si notre Théorie d'Organisation du Travail est sanctionnée par un succès expérimental, l'Abolition complète de l'Indigence et de toute Misère en sera la conséquence ? — Ceux qui poursuivent avec ardeur la Réforme des Prisons, savent-ils bien que, en cas de succès de notre expérimentation, la Prison deviendra dans l'Avenir une superfétation, et n'aura plus ou presque plus d'objet, grâce à la disparition des Causes génératrices de la démoralisation et du crime ? — Ceux qui poursuivent l'Abolition de l'Esclavage, savent-ils bien que si le Fait donne raison à notre Système, les Maîtres eux-mêmes auront intérêt à donner par toute la terre la Liberté à leurs Esclaves ; — Ceux qui veulent la Tranquillité, l'Ordre, la Paix, savent-ils bien que, du jour même où une Commune sociétaire serait réalisée, toutes les agitations, toutes les dissensions, toutes les haines, tous les dangers que la vieille Politique subversive porte encore dans ses flancs, s'évanouiraient à l'instant même ? — Et savent-ils, ceux qui se font avec sincérité les champions des Droits et des Intérêts du Peuple, ceux qui veulent pour lui Bien-Être dans le Travail et Moralité par le Travail, Instruction, Liberté, Dignité, Droits politiques et Droits sociaux, savent-ils que la Réalisation du Système sociétaire donnerait au Peuple, non pas tout ce qu'ils demandent aujourd'hui pour lui dans ces divers ordres, mais mille fois plus et mille fois mieux encore ? — Et ceux enfui qui se disent, qui se croient ou qui sont réellement *Chrétiens*, savent-ils que, si la Théorie sociétaire se réalise, c'est la Réalisation universelle du ROYAUME DE DIEU ET DE SA JUSTICE, la Réalisation universelle de la véritable et sainte Pensée du Christianisme, l'*Union, l'Association des hommes entre eux sur la Terre, et l'Union de l'Humanité avec Dieu, par l'Amour de Dieu et la Pratique de ses lois* ?

Notre Doctrine n'est empreinte d'aucun exclusivisme, d'aucun esprit de parti, de classe, ni même de nationalité. Loin d'être hostile à aucun Intérêt reconnu ou à reconnaître, à aucun Droit acquis ou à acquérir, à aucun Elément social, spécialement représenté par tel ou tel parti, par telle ou telle classe, elle prétend tout concilier, tout accorder, tout satisfaire, en associant les Intérêts et les Droits de toutes les classes. Notre Doctrine est donc une Doctrine absolument générale, qui embrasse toutes les Aspirations, tous les Désirs légitimes, tous les besoins de l'Humanité.

C'est pourquoi nous adressons notre Manifeste et notre Appel, non pas seulement à ceux qui partagent aujourd'hui notre Foi, mais encore aux HOMMES SINCÈRES de tous les Partis, de toutes les Classes, de toutes les Communions religieuses, de toutes les Nations, les conjurant de répondre à notre Appel et de contribuer à notre Œuvre.

Vous donc, qui trouvez sages et bons pour l'Humanité les *Principes de Politique rationnelle et de Réforme sociale* promulgués dans le présent Manifeste, associez-vous à leur développement par un Concours effectif et répandez-les par le Monde. Ce Concours est votre Devoir aujourd'hui ; et plus tard les sacrifices que vous aurez faits à Ce Devoir deviendront vos titres de gloire.

DÉCLARATION FINALE

Nous avons fait connaître nos principes, le but de nos travaux, notre position par rapport aux idées et aux faits ambiants, et notre manière d'entendre et d'enseigner la Théorie de Fourier.

Nous savons et nous affirmons, en outre, que notre manière d'entendre cette Théorie et d'en concevoir la Réalisation est de tous points conforme à la manière dont Fourier entendait lui-même et concevait ces choses.

Mais la Théorie de Fonder est dans le domaine public ; chacun peut écrire sur cette Théorie, et se prévaloir, à tort ou à raison, du nom de notre Maître.

Nous ne saurions donc, en aucune façon, être rendus *responsables* de tout ce qui peut, EN DEHORS DE NOUS, être dit, écrit ou tenté au nom de Fourrier et de la Théorie par lui développée.

Nous déclarons donc formellement ici que nous n'entendons porter d'autre Responsabilité que celle de nos propres œuvres, et que nous ne répondons positivement que de ce qui émanera directement de notre Société pour la Propagation et pour la Réalisation de la Théorie de Fourier, ou de ce qui sera pris publiquement sous son patronage par *La Phalange*, organe de cette Société.

Arrêté en Conseil de rédaction au Siège de la Société rue de Tournon, n, 6, à Paris, le 10 février 1841.

Victor Considerant

Le texte de cette 3ᵉ édition, revu en Conseil de Rédaction, a été arrêté en date du 7 novembre 1841.

Sur demande adressée, *franco*, à l'Administration de *La Phalange* (rue de Beaune, 2), on recevra sans frais un exemplaire de notre *Acte de Société*.

FIN DU MANIFIESTE

NOTE

SUR

L'APPLICATION DES PRINCIPES DE LA POLITIQUE RATIONELLE

A

L'ANÉANTISSEMENT DE L'ESPRIT RÉVOLUTIONNAIRE.

Nous avons donné à la Société, dans ce Manifeste, la connaissance des Principes fondamentaux de sa propre existence, en lui révélant les Lois générales, aussi simples que positives, de la Stabilité et du Progrès.

Nous avons démontré que les Gouvernements, en plaçant la Société, par la consécration de ces Lois, dans un état politiquement régulier et normal, anéantiraient à l'instant même tous les éléments politiques anormaux et subversifs dits révolutionnaires, tous les germes de perturbation et de violence, et en même temps assureraient un cours régulier à l'activité créatrice de l'intelligence, un champ sans limite au Progrès réel.

Nos déductions sont inattaquables, et il n'y a pas lieu à démontrer de nouveau ce qui est déjà démontré rigoureusement. Toutefois, vu les dangers extrêmes dont la Société se trouve menacée par les effrayants progrès de l'esprit révolutionnaire, c'est-à-dire par l'esprit de Négation absolue et de Dissolution illimitée, nous attachons une si grande importance à ce que la Société et ses Gouvernements soient frappés et saisis par la révélation des Vérités dont le secours peut seul les sauver, que nous ne terminerons pas sans donner, de ces hautes Vérités théoriques, une Application propre à agir sur les intelligences les plus paralysées, à introduire le rayon de lumière jusque dans les yeux couverts des plus épaisses cataractes.

Nous avons dit que, par la promulgation des Conditions générales de la Stabilité et du Progrès, nous donnions aux Gouvernements le moyen d'anéantir immédiatement l'Esprit Révolutionnaire, de neutraliser totalement toute action subversive de la Presse, ou plutôt de mettre la Presse dans l'impossibilité d'agir subversivement ; enfin, de rendre, sur-le-champ et comme par enchantement, tout-à-fait inoffensives, les Doctrines aujourd'hui les plus redoutables.

Pour que notre Application soit tout-à-fait concluante, nous devons prendre, comme exemple, la plus dangereuse, la plus menaçante, la plus subversive de toutes les Doctrines qui soient en circulation, une Doctrine terrible, qui fait de grands progrès dans les rangs du parti radical, qui pénétré activement, depuis dix années, au sein des classes ouvrières, dans les atelier des grandes villes, dans les campagnes elles-mêmes, et dont un Gouvernement myope commence à reconnaître et à redouter la puissance : nous Voulons parler du Principe de l'Égalité des biens, de la Doctrine des Babouvistes ou Communistes [40].

On sent qu'une semblable Doctrine porte dans ses flancs de quoi faire éclater la Société. Les moyens de répression sont impuissants contre un pareil danger.

Or, nous le demandons, consentira-t-on à reconnaître la Valeur de nos Principes fondamentaux de la Stabilité et du Progrès, si nous prouvons que ces Principes donnent au Gouvernement le moyen de rendre absolument inoffensive cette Doctrine, si dangereuse dans l'état actuel des choses ? Nous avons lieu de l'espérer. — Procédons à la démonstration.

Rappelons que la Réalisation politique des conditions de la Stabilité et du Progrès consiste, ainsi que nous l'avons vu (page 53, en note), dans la Création d'un nouveau Département Ministériel qui, sous la dénomination de Ministère du Progrès industriel et des Améliorations sociales (ou toute autre équivalente), a pour fonction de donner à la Société la Garantie du progrès en le régularisant.

Ce Ministère comporte deux Divisions :

La première Division est chargée de l'Examen, de l'Expérimentation et de la Publication des Découvertes, Inventions et Perfectionnements faits dans le domaine des procédés techniques de l'industrie [41].

L'autre Division est chargée d'examiner toute Proposition relative à l'Amélioration du Régime social, d'en provoquer la discussion pur des rapports insérés dans le Journal officiel du Ministère du Progrès, ét d'en faciliter ou d'en ordonner au besoin elle-même l'expérimentation [42].

Supposons maintenant le Ministère du Progrès organisé, et voyons quelle serait sa fonction en présence de l'Idée égalitaire, communiste ou babouviste. Ce serait fort simple.

L'*Expérience*, journal du Ministère du Progrès [43], fait connaître officiellement à toute la France qu'il existe une Doctrine dont la Formule générale est l'Égalité des biens, et qui regarde la Communauté comme le meilleur état social, le moyen de remédier à toutes les plaies de la civilisation, à tous les vices, à toutes les misères, etc., etc. (énumération détaillée et rigoureusement classée des avantages de tous genres, dont, suivant les Communistes, la pratique de l'Égalité parfaite doit faire bénéficier la Société).

À cet Exposé, le Journal officiel joint la Statistique de l'opinion communiste ; il établit que cette opinion ayant déjà provoqué tels et tels travaux, comptant des partisans (orateurs on écrivains) dans les classes supérieures, et faisant des progrès notables au sein des Classes ouvrières, a mérité d'être prise en considération par le Conseil de la Division des Améliorations sociales ;

Que,

À cette fin de reconnaître si la Doctrine de la Communauté des biens est susceptible d'une Réalisation sociale satisfaisante et dans quelle mesure, cette Doctrine est officiellement appelée, dans la personne de ses principaux représentants, à faire ses preuves devant la Société, à se mettre en Expérience sous les yeux de la France, de l'Europe et du Monde ;

En conséquence de cette décision, et vu la nécessité de s'entendre sur l'Organisation d'une Commune communiste avant de songer à en faire quarante mille en France, les Communistes de tout rang sont invités à présenter leurs idées pratiques sur l'Organisation d'une Commune communiste ;

Ils sont avertis que, aussitôt qu'ils auront suffisamment discuté la question entre eux, suffisamment répondu aux objections faites par le Public et par la Presse à leurs plans de Réalisation, et pour peu qu'ils s'accordent sur quelque projet assez étudié pour être livrable à l'expérience, le Gouvernement

1° Leur offre, pour le temps qu'ils jugeront nécessaire, un terrain d'une ou plusieurs lieues carrées, où ils auront à fonder des Communes égalitaires ;

2° S'engage à leur faciliter administrativement les moyens de mettre à exécution leur plan de Communauté ;

3° Exempte d'impôts la Commune-modèle pendant... tant... d'années ;

4° Promet, au besoin (si les riches Communistes ne poussent pas le dévouement et la logique de leur opinion jusqu'à porter leur fortune à la masse), de parfaire il une Commune égalitaire, en avances d'instruments aratoires, semences, bestiaux, etc., etc., la valeur de ce qui pourrait lui manquer pour que la richesse moyenne de ladite Commune (conformément au principe de la Doctrine elle-même) fût égale à la moyenne de la fortune en France. — On sait que ce serait bien peu de chose.

Nous demandons maintenant quel danger pourrait présenter la Doctrine de l'Égalité des biens, si ses partisans étaient ainsi mis en demeure, par la Société, par le Gouvernement lui-même, de faire voir ait monde ce que leur principe vaut en pratique et dé quel secours il peut être pour le Progrès réel !

Si les Communistes ne répondaient pas a l'appel du Ministère du Progrès, il ne serait plus question d'eux. S'ils y répondaient, qu'arriverait-il ?

Ils se mettraient à discuter et disputer entre eux jusqu'à cé qu'ils aient pu formuler un plan, préciser quelque chose.

Supposons qu'ils y parvinssent. — Alors de deux choses l'Une : ou ils ne trouveraient pas dans leurs rangs les fonds nécessaires à la fondation d'une Commune, ou ils les trouveraient.

S'ils ne les trouvaient pas, il serait prouvé que ce Parti qui, avant la création dit Ministère du Progrès, demandait, en gros, rien de moins que le gouvernement de la France et le bouleversement de l'ordre social, ne peut pas seulement, en réunissant toutes ses ressources en argent et en dévouement, fonder une misérable Commune… (misérable est le mot, puisqu'il ne devrait y avoir que 55 centimes par jour et par tête pour rester dans la donnée de la Doctrine.)

Dans ce cas donc, le Ministère du Progrès viendrait en aide aux Communistes, qui ne pourraient qu'en être reconnaissants, et qui feraient leur essai aux frais du Gouvernement.

S'ils trouvaient dans leurs rangs les fonds suffisants, ils établiraient tranquillement et à leurs frais leur expérience, sous la protection même et avec l'appui du Gouvernement. Les Ouvriers, séduits par les doctrines d'Égalité, sauraient bientôt à quoi s'en tenir sur le bonheur, la concorde et l'harmonie dit Régime égalitaire. La Société toute entière Verrait la Doctrine en action. L'Idée réalisée est-elle excellente ! la Société s'empresse d'imiter ; tous ceux qui veulent se mettre est Communauté en ont le droit. La Doctrine de la Communauté est-elle une Erreur, Une pauvreté sociale ? alors elle s'est montrée toute nue : on la voit, on la touche, on la palpe… et on l'enterre… et il n'est pas nécessaire de mettre des gardes sur le tombeau ; car si plus tard, à long terme, il lui prenait fantaisie de ressusciter, ou lui offrirait toujours la simple Épreuve de la réalisation.

Eh bien ! cette Doctrine que le Pouvoir rendrait fort douce et fort innocente, s'il lui proposait lui-même *de l'aider à se mettre en expérience* ; cette Idée qui pénètre sourdement dans les basses classes ; cette Idée dont le Gouvernement commence à comprendre la terrible puissance révolutionnaire, et dont il imagine avoir raison avec des fonds secrets et des gendarmes ; cette idée… elle brisera probablement la Société, si elle n'est combattue que par ces tristes moyens de Répression qu'on songe seuls à lui opposer.

Voici ce dont il serait temps que ceux qui nous gouvernent, et que l'on appelle des hommes d'État, voulussent bien se pénétrer :

C'est qu'il n'y a, en Politique, d'Idées dangereuses que les Idées qui sont vagues ou qui sont fausses ;

Et qu'il n'y a qu'un moyen (mais un moyen très-facile) de tuer les

Idées dangereuses, c'est-à-dire les Idées vagues elles Idées fausses ; c'est de les forcer à se formuler et à se réaliser.

Les idées pour lesquelles les Esprits se passionnent, s'exaltent, s'échauffent, desquelles ils se font des Drapeaux, des Armes... ces Idées-là, offrez-leur de se réaliser au grand jour. — S'il y a du bon en elles, la Société édifiée en fera librement son profit. Si elles ne sont que des rêves, des fantômes, en les touchant vous les ferez évanouir. Les Fantômes ne sont redoutables que dans l'obscurité ; le grand jour les tue.

En résumé, on entretiendra toujours très-facilement dans les Populations l'esprit révolutionnaire et la haine du Pouvoir (quel que soit le Pouvoir et quelle qu'en soit la forme) aussi longtemps qu'on pourra faire croire aux Populations que le Pouvoir s'oppose à tout ce qui peut améliorer leur sort, qu'il est l'ennemi systématique du Progrès, et que ses adversaires seuls en sont les Représentants et les Apôtres.

Nous avons forcé le Parti radical, après plusieurs années de discussions, de convenir que le Suffrage universel en lui-même ne remédierait à aucune plaie de la Société. Mais ce Parti poursuit cette Réforme en la présentant comme la condition nécessaire de la Réforme sociale. Que le Pouvoir mette en demeure le Parti radical de formuler la Réforme sociale pour laquelle ce Parti demande la constitution d'un nouveau Pouvoir ; qu'il se déclare prêt à faciliter et au besoin à faire lui-même l'Expérience de tous les plans que le Parti radical pourra présenter dans le but d'améliorer le Sort des classes inférieures et les conditions du Travail d'ans la Commune, élément alvéolaire de la Société : à l'instant même la Puissance révolutionnaire du Parti radical tombe à plat. Ce Parti devient forcément un Parti utile ou au moins inoffensif.

Les cheveux de Samson faisaient sa force ; Dalilah lui ôta la force en lui coupant les cheveux.

L'idée que le Pouvoir est l'ennemi du Progrès et des Améliorations sociales a toujours fait et fait encore la seule force réelle des Partis Révolutionnaires. Que le Pouvoir, en se posant lui-même Représentant officiel et régulier du Progrès, fasse noblement sur les Partis révolutionnaires ce que Dalilah a fait traîtreusement sur Samson.

Voilà tout le secret de l'Anéantissement absolu du Principe révolutionnaire dans les Sociétés humaines.

Nota. On pourrait craindre que la Division des Améliorations sociales eût beaucoup de besogne sur les bras et beaucoup d'argent à dépenser en expériences. On se tromperait.

Une fois bien établi que toute Théorie de Réforme sociale, pour avoir une base réelle, doit présenter un Plan d'organisation communale, et pouvoir être essayée sur une lieue carrée de terrain, il est évident que l'on ne saurait s'adresser au Ministère du Progrès qu'à la condition de lui soumettre des Plans étudiés, des travaux sérieux sur l'Organisation des Eléments sociaux d'une Commune. — Or, il ne faut pas croire que le Ministère du Progrès aurait beaucoup de Plans déterminés et essentiellement différents à examiner et surtout, que beaucoup de Plans seraient capables de soutenir avec avantage la critique de la Presse, de l'Opinion publique et des Commissions.

Le Ministère ne serait tenu d'essayer, aux frais du Gouvernement, que les Plans qui paraîtraient à ses Commissions et à l'Opinion mériter l'Expérience. Quant aux autres, il déclarerait seulement que leurs partisans sont libres de les essayer à leurs frais, que le Gouvernement, loin d'y mettre obstacle, leur accordera temporairement l'immunité d'impôts et les privilèges propres à faciliter l'essai.

Il y a plus, c'est que* pour les Projets jugés dignes de l'Expérience, le Gouvernement pourrait à la rigueur se dispenser d'intervenir pécuniairement lui-même. Les jugements favorables portés par le Ministère du Progrès sur ces Plans, comme les jugements favorables que l'Académie des Sciences porte sur une invention nouvelle, suffiraient pour déterminer la mise à exécution par des compagnies de capitalistes ou de Partisans du Projet favorablement jugé. Toute Idée qui ne pourrait trouver dans la France entière assez de crédit pour se réaliser sur une lieue carrée de terrain ne saurait, en aucune façon, revêtir le caractère révolutionnaire, c'est-à-dire prétendre à s'imposer violemment à la France toute entière. Le Ministère du Progrès pourrait donc, à la rigueur, garantir absolument la Stabilité, en ne jouant, quant aux Projets de Réforme ou d'Amélioration sociale, qu'un rôle semblable à celui que joue l'Académie des Sciences dans l'ordre des améliorations industrielles ou des découvertes scientifiques.

Nous n'avons voulu donner ici que l'idée générale d'une institution dont l'établissement est aussi facile que l'action en serait salutaire ; ce que nous avons dit suffit pour prouver aux hommes d'intelligence qu'il n'y a plus de Factions sérieuses ni de Partis révolutionnaires possibles dans un État, aussitôt que le Ministère du Progrès industriel et des Améliorations sociales y existe et y fonctionne.

NOTE
SUR L'ORGANISATION
DU
MINISTÈRE DU PROGRÈS.

Quelques personnes, tout en approuvant à première vue nos principes sur la nécessité de donner à la Société la garantie régulière du Progrès, ont craint que la conception du *Ministère du Progrès* ne fût pas susceptible de recevoir une réalisation pratique.

Cette crainte de premier aperçu vient de ce que nous n'avons encore produit que le principe de cette conception, et que nous avons été très-sobres de détails pratiques et organiques sur ce nouveau département ministériel.

D'autres personnes ont manifesté une crainte toute différente ; elles ont vu dans ce ministère l'anéantissement de tous les départements ministériels existants.

Ces deux craintes sont chimériques ; elles dérivent l'une et l'autre de ce que l'on n'a pas assez réfléchi à la nature de l'Institution proposée. En attendant que nous ayons à formuler complètement l'organisation du Département du Progrès, nous pouvons, en quelques mots, prouver que les deux objections préjudicielles que nous venons de faire connaître ne sont pas fondées.

En effet, l'Institution en question se compose naturellement, comme nous l'avons établi, de deux divisions :

La *première division* a pour objet la constatation régulière de la valeur réelle des *inventions* et *perfectionnements* apportés dans les instruments et les procédés techniques et spéciaux propres aux diverses branches de l'activité industrielle, nommément aux arts et aux métiers. — Il faudrait y joindre la constatation des progrès des sciences proprement dites, physique, chimie, astronomie, mathématiques, etc., si déjà, à cet égard, les Académies, les Observatoires, les Collèges et surtout l'Institut ne présentaient des garanties organiques et positives qui ne demandent qu'à être perfectionnées et développées.

La *deuxième division* concerne les *améliorations* et les *inventions* qui peuvent être apportées dans les combinaisons relatives à l'emploi général ou social de ces instruments de l'activité humaine, c'est-à-dire dans l'Organisation du Travail, dans le Règlement de la Production, de la Distribution, de la Consommation et de la Répartition des avantages produits par le jeu de l'activité industrielle.

Or, nous avons montré déjà, quoique sommairement, dans la note précédente, intitulée *Application des principes delà Politique rationnelle à l'anéantissement de l'esprit révolutionnaire*, comment le Ministère du Progrès, s'appuyant sur ce principe, que la Commune est l'atelier social, le champ élémentaire du travail national, est en droit de sommer toutes les doctrines prétendues de Progrès social de formuler leur constitution spéciale d'organisation de la Commune, de les obliger ainsi à se définir et à se préciser dans des formes pratiques, de les forcer, par conséquent, à se laisser saisir par la Critique et à passer ensuite par l'épreuve de l'Expérience, si elles se sont montrées capables de soutenir l'épreuve d'une discussion régulière.

Rien, assurément, n'est plus pratique, et nous dirons même plus simple et plus facile, que l'exercice des fonctions de cette Division, dont le propre est, comme nous l'avons vu, de séparer le bon grain de l'ivraie, et de désarmer les doctrines les plus erronées et les plus dangereuses elles-mêmes. Le travail de cette Division se bornerait à provoquer des mémoires, à examiner des propositions *pratiques*, à les soumettre à la discussion et à l'attention publique, en leur accordant un examen proportionné, soit à leur valeur intrinsèque, soit au nombre de leurs partisans. Rarement sans doute, elle aurait à déterminer le mode de protection, de concours et de surveillance du Gouvernement dans les Expériences qui en pourraient être faites. — Nous nous chargerions d'organiser, pour les besoins immédiats, et de faire fonctionner régulièrement, en quinze jours, cette Division du Ministère du Progrès. Il n'y a que des hommes très-peu *pratiques* qui pussent croire que l'organisation pratique de cette Division présentât des difficultés considérables. Ce n'est d'abord qu'une simple Commission à organiser.

Quant à la Division relative aux *inventions* et *perfectionnements* dans les instruments, les machines et les procédés spéciaux des diverses branches de l'industrie, il n'est pas moins facile d'en comprendre l'organisation et les fonctions.

Dans l'état d'abandon où l'absence de cette organisation laisse aujourd'hui le génie d'invention, il est notoire que ce génie gaspille misérablement son incommensurable puissance. Le génie inventif ne reçoit aucun encouragement, aucun stimulant : il marche au hasard ; rien ne le guide, rien ne l'éclairé, rien ne le protège, rien ne lui vient en aide. Une foule d'hommes, dont l'esprit se livrerait à des recherches ardentes si la carrière de l'invention était régulièrement ouverte, ne songent pas même à appliquer aux problèmes qu'ils pourraient résoudre les puissances de leur intelligence. Le sort des inventeurs est plein de misères et de tribulations. L'auteur d'une découverte doit être aujourd'hui doué, outre l'esprit inventif, de la plus rare fermeté de caractère et d'une dose de persévérance incroyable, pour mener son idée à quelque résultat pratique et lucratif. Nous avons entendu des membres de l'Institut engager l'inventeur d'un mécanisme de la plus haute importance, et dont ils reconnaissaient la valeur capitale, à ABANDONNER SON IDÉE, à moins qu'il ne se sentît bien résolu à calciner sa jeunesse, à consumer sa vie, à engager tout son avenir dans des mécomptes, des difficultés et des tribulations dont ils lui faisaient un tableau aussi effrayant que fidèle ; — et encore pour ne voir sou invention acceptée probablement qu'à l'expiration de soi ; droit de propriété, quand il ne serait plus temps d'y trouver une compensation à ses sacrifices de toutes sortes.

La Société actuelle est l'enfer des inventeurs ; mais elle est punie la première de son imprévoyance cruelle et de son ingratitude insensée, car l'Humanité ne fait pas aujourd'hui la centième, la millième partie peut-être des découvertes qu'elle devrait et pourrait accomplir dans toutes les branches de l'activité scientifique, industrielle et sociale, si nos Institutions offraient des garanties régulières au développement des créations de l'Intelligence.

Rien n'est plus simple que l'établissement de ces garanties. La Division du Ministère du Progrès, chargée des *inventions* et *perfectionnements*, reçoit les mémoires, les dessins, les propositions de toutes sortes, dans la forme employée aujourd'hui pour la demande des brevets.

La loi déclare que le dépôt du mémoire de l'inventeur au Ministère fait date pour son droit de propriété.

L'idée est examinée par des comités spéciaux formés de savants, de praticiens et d'industriels.

Si l'idée est déjà connue, ou si elle est jugée sans valeur, après avoir passé par les examens *contradictoires* des comités spéciaux, notification en est donnée à l'auteur, qui, dans ce cas même, et s'il se croit mal jugé, reste libre d'exploiter personnellement son invention, comme il pourrait le faire dans l'état actuel des choses.

Si l'idée est reconnue capable de valeur, on procède à l'expérience dans les ateliers et les laboratoires attachés à cette Division du Ministère du Progrès [44].

Lorsque l'expérience a prononcé définitivement sur la supériorité de l'instrument, de la machine, de l'organe ou du procédé nouveau, la description ou la formule en est publiée dans le Journal officiel du Ministère, avec le procès-verbal des expériences. En outre, les ateliers spéciaux confectionnent quatre-vingt-six modèles qui sont envoyés dans quatre-vingt-six Conservatoires ou Musées de l'Industrie établis au chef-lieu de chaque département, sous la garde d'un ingénieur chargé de donner aux industriels les renseignements utiles. — On peut faire intervenir dans la combinaison les Académies, les professeurs et les Sociétés savantes des départements.

Il résulte de ces dispositions qu'aussitôt une découverte *faite* dans une branche quelconque de l'activité productive, cette découverte est bientôt *vérifiée* et portée *à la connaissance* de tous ceux qu'elle intéresse d'un bout du royaume à l'autre, et cela avec toutes les garanties désirables.

Dès-lors, moyennant une rétribution modique et proportionnelle aux bénéfices que les industriels trouvent à user du système nouveau chacun de ceux-ci a le droit de l'employer et de l'exploiter. L'inventeur n'eût-il que la *dixième partie* du bénéfice recueilli par l'État, se trouve dès-lors tirer de son invention un revenu infiniment plus considérable que celui qu'il eût pu réaliser, dans les cas les plus favorables, en restant livré à ses propres forces.

Il atteint ce résultat prospère sans peines et sans frais, et peut occuper son esprit à des recherches nouvelles.

La contrefaçon, surveillée et poursuivie sur tous les points par les agents *intéressés* du Gouvernement, n'a plus, d'ailleurs, de raison d'être, attendu la modicité du droit demandé par l'État pour concéder l'usage des inventions rapidement généralisées. Ce droit, au contraire, est aujourd'hui d'autant plus élevé que l'inventeur rencontre plus d'obstacles à introduire son procédé dans la pratique.

Si l'on observe maintenant que, malgré les immenses entraves qui pèsent sur l'esprit d'invention dans l'état actuel des choses, la richesse nationale n'en croit pas moins déjà suivant une proportion beaucoup plus rapide que la population, c'est-à-dire que la masse des forces humaines ou le nombre des bras engagés dans l'œuvre du travail, on reconnaît que cet accroissement dépend précisément de la création des machines, du perfectionnement des instruments de travail et de l'amélioration des procédés de production. L'invention de Watt et lu Mulle-Jenny ont, à elles seules, plus que DEUCENTUPLÉ, en moins d'un demi-siècle, la puissance industrielle, les forces productives et la richesse de l'Angleterre [45].

Or, si l'on tient compte de l'incroyable énergie que l'Institution des garanties, dont nous venons d'ébaucher le système, apporterait au développement et à la propagation rapide des inventions et perfectionnements, on concevra qu'au bout de quelques années, l'État, entrant par le prélèvement d'un IMPÔT LIBREMENT ET VOLONTAIREMENT PAYÉ, en partage de ce prodigieux accroissement de la richesse publique, dû à l'action du Génie inventif dans l'œuvre de la production, verrait bientôt des sommes incalculables affluer dans ses caisses.

Le Gouvernement se trouverait donc, *de facto*, à la tête du mouvement industriel et du Progrès dans le pays, et la Société marcherait à grands pas vers l'époque où l'IMPÔT FORCÉ prélevé aujourd'hui sur le travail, progressivement dégrevé, pourrait être entièrement aboli et remplacé par l'IMPÔT VOLONTAIRE *librement prélevé sur les bénéfices* dus à l'intervention régulière et puissancielle du Génie dans l'œuvre de la production nationale.

Au reste, il est bien évident que les Ministères actuels ne seraient nullement troublés, mais très-favorisés, au contraire, dans l'œuvre de leurs fonctions spéciales, par l'action bienfaisante du nouveau Département ministériel tel que nous venons de le décrire.

Il est maintenant facile de comprendre que les différents États ne sauraient tarder, n'y fussent-ils poussés que par d'irrésistibles considérations d'intérêt financier, à imiter l'Institution qui produirait de si grands résultats. Alors, dans leur intérêt même, ils arriveraient à reconnaître réciproquement les droits de la *propriété intellectuelle* de leurs nationaux, comme ils leur ont réciproquement déjà reconnu, dans les temps modernes, ceux de la *propriété matérielle.*

Les droits d'un inventeur français, anglais, allemand ou autre, seraient donc immédiatement établis dans tous les États civilisés dès qu'ils auraient été reconnus dans l'un quelconque de ces États. Les Gouvernements se transmettraient d'ailleurs, dans l'intérêt même du prélèvement établi à leur profit sur les inventions de leurs nationaux dans tous les États où elles seraient employées, les procédés découverts par ceux-ci. Ils régleraient chaque année leurs comptes généraux et balanceraient réciproquement leur *doit* et *avoir* ; et bientôt l'*Unité fédérative des Nations* sortirait forte et brillante de cet entrecroisement infini des innombrables intérêts des personnes et des Gouvernements, et du système financier dont le réseau, de plus en plus puissant, envelopperait tous les États confédérés.

C'est ainsi que l'Ère de l'activité pacifique et l'Unité de la grande famille humaine s'établiraient avec magnificence sur la base des garanties données au Progrès social et aux Droits éminents de l'Intelligence humaine et du Génie créateur.

Il est facile de concevoir que la reconnaissance générale et réciproque de la propriété littéraire, dans tous les États civilisés, serait forcément amenée par la reconnaissance générale de la propriété des inventions. Le principe de la garantie de la *propriété intellectuelle*, dans les formes déterminées par une loi *commune* ou *unitaire*, serait donc complètement conquis à l'humanité. Ces conséquences sont immenses : leur portée ne saurait être méconnue par aucun penseur.

Ces simples aperçus suffisent peut-être pour faire apprécier au lecteur intelligent la valeur et l'importance capitale de l'Institution que nous avons proposée, dont notre siècle verra certainement la fondation, et qui placera définitivement dans l'orbite de leur mouvement régulier les Sociétés humaines.

Si le Prince qu'un coup fatal vient de frapper n'eût pas été ravi si cruellement à la France, il eût fait, de l'organisation du Ministère du Progrès, la pensée de son règne. Nous avons des raisons pour parler ainsi. Cette conception, en effet, avait vivement saisi le Prince ; il en avait calculé la portée et s'en était emparé.

NOTES

1.	C'est le titre de l'une des publications de notre École : Débacle de la Politique en France. — Voy. le Catalogue des publications de l'École sociétaire, à la fin du volume.

2.	La Science sociale a pour objet la connaissance du Mouvement social dans son évolution complète ; elle doit donc faire connaître toutes les formes virtuelles de la sociabilité humaine et la loi de leur développement dans le passé, dans le présent et dans l'avenir.

3.	Si l'on supposait que tous les individus qui vivent et fonctionnent dans tel Mécanisme social détermine, celui de la Société française actuelle par exemple, eussent été transportés dès leur naissance dans tel ou tel autre milieu social, dans celui de l'Afrique centrale par exemple, celui des Gaules au temps des Druides, ou tout autre, on conçoit aussitôt que tous ces individus eussent, dans ces différents états de Société, vécu, pensé, agi et fonctionné AUTREMENT qu'ils ne vivent, ne pensent et ne fonctionnent dans l'état ou dans le Mécanisme social actuel. On conçoit même que tel scélérat qui a librement commis les crimes dont il a effrayé la terre, aurait pu, tout aussi librement, faire un homme très-vertueux, très-utile à l'Humanité, s'il fût né seulement dans une autre famille, s'il eût reçu une autre éducation, enfin s'il se fût trouvé environné de circonstances sociales favorables au développement harmonique de sa nature, c'est-à-dire des circonstances qui eussent engagé ses intérêts et dirigé son activité et ses passions dans la voie du bien, au lieu de les engager dans une voie subversive. Ainsi le simple changement de la position de l'individu, dans le Mécanisme social où il est né, suffit déjà pour changer absolument ses idées, ses croyances, ses mœurs, c'est-à-dire sa moralité et sa vie : tout cela est incontestable.

Il y a donc pour l'Homme considéré comme être social, des conditions favorables ou défavorables au développement de la Moralité ; comme il y a pour l'Homme, considéré au physique, des conditions favorables ou défavorables au développement de la Vie, de la Force, de la Santé : il est certain, en outre, que les circonstances qui enveloppent l'immense majorité des hommes dans la Société actuelle sont très-peu favorables au développement de leur pleine Moralité.

4.　　　Jouissant de la plénitude de sa liberté, pratiquerait nécessairement,.. Oui, sans doute, quoique des esprits irréfléchis puissent voir ici une contradiction dans les termes : L'homme pourrait faire le Mal, mais il n'aimerait, et par conséquent il ne voudrait, et il ne pratiquerait que le Bien ; telle est l'idée de la haute alliance de la Liberté virtuelle de l'Homme et de la nécessité pratique du Bien à l'exclusion du Mal par l'ATTRAIT supérieur, et, en poussant à la limite, par l'ATTRAIT absolu du Bien.

5.　　　La Vertu (virtus, virere, vir, vis), c'est la force, la volonté humaine dirigée du côté du BIEN. — Le VICE, c'est la force, déréglée, viciée, ou l'absence de force. Il est absurde de croire qu'il faille douleur, pour qu'il y ait vertu, et qu'où ne soit pas vertueux quand on fait le Bien avec satisfaction, avec jouissance, avec plaisir, avec amour, avec bonheur. Le sacrifice vertueux lui-même n'est et ne saurait être que le triomphe dans l'âme humaine d'un Attrait supérieur sur un Attrait inférieur ; car tout sacrifice libre est un effet de Volonté, et l'Être qui veut ne saurait vouloir, eu dernière analyse, que ce qu'il lui convient de vouloir, ce qui lui plaît. Observons qu'il y a le Sacrifice inverse ou vicieux comme il y a le

Sacrifice direct ou vertueux.

6.   AVANT TOUT. — Ce n'est pas nous qui ignorons que le problème de l'Organisation sociale n'est complet dans son énoncé que quand, à l'Association des individus, des familles et des classes dans les Communes, on joint la condition de l'Association des Communes entre elles dans la Nation et des Nations dans l'Humanité. Mais il n'en est pas moins vrai que l'Association des individus et des intérêts dans la Commune est le fait élémentaire, le fait fondamental du problème social. Il est même facile d'apercevoir, pour peu qu'on ait réfléchi sur ces questions, que, de la loi d'Association des individus dans les Communes, on déduirait très-facilement la loi de l'Association des Communes entre elles, pour former les unités successives qui doivent se résoudre toutes définitivement dans la grande Unité de l'Humanité. Il est sensible, en effet, qu'obtenir la bonne harmonie des hommes et des classes dans la Commune (où les intérêts et les passions sont côte à côte), est un problème bien autrement difficile que celui qui consiste à régler convenablement les rapports des communes dans le département, des départements dans la province, etc.

C'est ainsi que, dès qu'on a su organiser et discipliner des régiments, il est devenu facile de former des corps d'armée plus ou moins considérables ; tandis qu'il serait absurde de songer à avoir un corps d'armée régulièrement organisé et discipliné, si l'on ne savait pas d'abord et AVANT TOUT constituer des régiments réguliers.

Qu'on ne vienne donc pas nous reprocher, comme quelques-uns l'ont fait, frappés de l'importance capitale que nous donnons à la question de l'état de la Commune, qu'on ne vienne pas nous reprocher de méconnaître ou d'ignorer la valeur des questions relatives à l'Association des Communes dans l'Unité nationale et des Unités nationales dans la grande Unité humanitaire. Nous savons fort bien que pour avoir une pyramide il ne suffit pas d'avoir des pierres convenablement taillées, qu'il faut encore que ces pierres soient rangées, superposées et jointes en assises successives, depuis la base jusqu'à la pierre angulaire du sommet ; mais ce que nous savons et ce que nous demandons à bien faire comprendre, c'est que four avoir une pyramide solide et bien construite, il faut AVANT TOUT avoir, bien saines et convenablement taillées, les pierres dont la pyramide doit être formée. Les pierres de base de la grande pyramide sociale, ce sont les Communes rurales ordinaires ; les pierres de la seconde assise sont les communes chefs-lieux de canton ; celles de la troisième assise sont les chefs-lieux d'arrondissement, et ainsi de suite jusqu'à la pierre angulaire du sommet, qui représente la grande cité capitale du globe, dont Fourier est allé jusqu'à déterminer d'avance l'emplacement. Cette dernière remarque suffirait à elle seule pour prouver combien est erronée et légère l'accusation que nous repoussons en ce moment.

7.   Le mot politique est pris ici dans l'un des sens les plus vulgaires (Voy. page 7 et suivantes).

8.   Toute Doctrine qui implique une contradiction avec le But social supérieur, c'est-à-dire avec l'Association des individus, des classes et des peuples, est immorale. La moralité des actes ou des idées n'est autre chose, au point de vue élevé (voyez page 11), que leur Concordance avec le But social.

9.   Il y a lieu d'observer que plus le Système nouveau sera supérieur au Système existant, c'est-à-dire plus il produira de bienfaits et mieux il servira tous les intérêts sociaux, plus rapide alors sera l'Imitation de ce Système par la Société. C'est ainsi qu'en fait de Machines, par exemple, à partir d'un succès public bien constate par l'Expérience, une Invention se propage d'autant plus rapidement qu'elle est plus économique, plus utile et plus parfaite. Que l'on présente aujourd'hui un Système nouveau pour remplacer le Système existant de la Machine à vapeur, il est évident que si le Système nouveau réalise un dixième d'économie sur le Système actuel, il remplacera, mais assez lentement, celui-ci ; tandis que, s'il réalise moitié, trois quarts ou quatre cinquièmes, il supplantera très-rapidement l'ancien Système. On ne saurait donc plaider la grande supériorité d'un Système de Réforme sociale sans admettre que la simple Expérience locale de ce Système suffira pour le propager rapidement, non-seulement dans le pays où l'Essai en aura été fait, mais encore chez tous les autres Peuples.

10.   Remarquons que ces Lois ne sauraient, sans une immoralité flagrante, et sans une atteinte formelle et dangereuse à la dignité du Pouvoir lui-même, s'opposer à la production libre des idées, autant du moins que celles-ci renfermeraient leurs

déductions organiques ou critiques dans les formes didactiques. — Or, dans la plupart des États, et notamment en France, la liberté de la production publique des idées, du moins par la voie de la Presse, dépasse, en fait, la simple liberté de la déduction didactique, seule liberté qui soit, à la rigueur, exigible.

11.   MM. Thiers, Guizot, Barrot, etc.

12.   L'INSTITUTION POLITIQUE, qui garantirait à jamais la Sûreté sociale ou la Stabilité intérieure de l'État, n'est autre chose que le MINISTERE DU PROGRES, spécialement chargé de faciliter et de régulariser LES ÉTUDES des améliorations sociales, et de faciliter aussi l'Expérience locale}} de toutes les Propositions qui, après une mise en discussion régulière, auraient trouvé sérieuse créance dans l'Opinion publique. L'ÉCOLE SOCIETAIRE, dans plusieurs productions, a déjà signalé la nécessité de combler, par la création d'un semblable Ministère, la grande et dangereuse lacune que fait dans notre Constitution politique actuelle l'absence de cette Institution. Nous développerons en détail ailleurs les attributions, faciles à déterminer, d'un tel Ministère. Il comporte naturellement deux Divisions : la Division des Progrès industriels, chargée de l'examen, de la vérification et de la promulgation des intentions techniques, ou proprement industrielles, et la Division du Progrès social, chargée de l'examen, de la mise en discussion et de l'expérimentation des propositions systématiques, c'est-à-dire des Plans relatifs à l'Amélioration du Système social lui-même. Il est palpable que la création d'un tel Ministère, en garantissant à la Société son Progrès normal, éteindrait jusqu'à la pensée même des Révolutions dans les États civilisés.

13.   La vulgarisation générale de ces principes garantit immédiatement la Stabilité intérieure de l'État ; mais elle n'agit que médiatement, quoique très-énergiquement, sur la Stabilité extérieure qui a d'autres conditions encore. La plus importante de ces conditions est l'Institution du Congrès d'Unité ou Assemblée amphictyonique des États civilisés.

14.   Cet Aveu est fait explicitement par les REVOLUTIONAIRES politiques, sociaux, etc., de tous les degrés, qui motivent sur cette nécessité leurs agressions fatales. Il est fait implicitement par les CONSERVATEURS de toutes sortes, politiques, moralistes,

religieux,… qui ne cessent d'exhaler contre les effets de l'état de choses actuel les plaintes, les lamentations et les déclamations les plus ridicules, — bien ridicules, en effet, puisque leur impuissance est patente.

15.   Il est inutile sans doute ici de rappeler encore au lecteur que le mot Politique comporte des sens différents, et de le renvoyer aux Définitions données dans les Prolégomènes

16.   Ces considérations sont extrêmement importantes pour cette École, et même pour l'accomplissement de son But spécial, qui est la Vérification et la Réalisation de son plan particulier de Réforme. En effet, tant que la Société n'est pas encore édifiée sur la bonté intrinsèque de cette Réforme, il serait orgueilleusement absurde à l'École sociétaire de justifier et d'expliquer, devant la Société, son existence et ses œuvres actuelles de Propagation par l'excellence de son Système, puisque cette excellence n'existe encore que dans l'esprit ou dans la conviction de l'École sociétaire, et ne saurait être qu'une Hypothèse, ou une pure Prétention, dans le monde extérieur sur lequel cette École veut et doit agir.

Ainsi donc, l'Autorité que l'École sociétaire a besoin de conquérir dans la Société pour obtenir la Réalisation locale ou l'Expérience décisive qui, suivant cette École, entraînera la Réalisation générale de son Système de Réforme ; cette Autorité, disons-nous, ne saurait aucunement reposer sur le postulatum de l'excellence du Système sociétaire en lui-même, la Société à laquelle s'adresse l'École sociétaire n'admettant pas ce postulatum. — L'École Sociétaire ne peut donc s'appuyer logiquement, pour conquérir cette Autorité, que sur la Légitimité irrécusable ou immédiatement évidente de ses Principes généraux concernant la Stabilité et le Progrès de la Société. — Ce n'est que par la Vulgarisation de ces Principes qu'elle peut déterminer les hommes sincères des Partis à se réunir à elle sur le terrain de ses Principes scientifiques, incontestables et certains, de la Stabilité ET du Progrès, et à proclamer la nécessité des Expériences Locales qui sont le But prochain de ses efforts.

17.   Le principe que nous émettons ici est général. La Doctrine Sociétaire accepte la République en Amérique, la Monarchie constitutionnelle en France, la Monarchie absolue dans le Nord ; elle opère sur la Commune pour transformer la Société. Si

la Forme Républicaine était établie en France et y déterminait le Gouvernement régulier du pays, nous en combattrions les adversaires par les mêmes arguments avec lesquels nous en combattons aujourd'hui les partisans violents. — Cela ne veut pas dire pourtant qu'à nos yeux les formes politiques n'aient aucune valeur.

18.   Nous n'avons point pour but, dans ce passage, de critiquer ces œuvres législatives ou religieuses : nous voulons seulement distinguer le caractère scientifique de l'œuvre de Fourier du caractère non scientifique de ces œuvres.

19.   Le Procédé Sériaire n'est autre chose que le procédé général de classification qui consiste, comme on sait, à diviser les ordres en genres, les genres en espèces, les espèces en variétés, etc. Fourier a découvert les formes générales et les admirables propriétés sociales de ce procédé, employé seulement jusqu'ici à mettre de l'ordre dans des études ou dans des abstractions, mais qui jouit aussi de la propriété de mettre l'ordre dans les faits d'industrie, d'activité et de relations, en un mot dans tous les Faits de Vie auxquels on sait l'appliquer.

Ce n'est point ici le lieu de faire connaître ces propriétés du Principe Sériaire, et nous renvoyons pour une semblable étude aux ouvrages spéciaux de l'École sociétaire et de son Fondateur. Il nous suffit ici de faire connaître l'existence du Principe générateur de tout le Système sociétaire.

20.   Les principes obligatoires de la Morale, et le Droit qu'a la Société d'imposer à la Liberté des restrictions nécessaires à la défense ou à la garantie de l'Ordre, ne peuvent évidemment jamais cesser virtuellement. Seulement, dans l'hypothèse d'une Société parfaite, il n'y aurait plus lieu à recourir à ces Principes et à ce Droit. Ainsi, par exemple, quand tous les hommes auraient horreur de faire du mal à leurs frères, quand ils seraient passionnés pour leur faire du bien, il ne serait plus nécessaire d'invoquer comme règle de conduite le principe moral impératif : Ne fais pas à autrui ce que tu ne voudrais pas qu'autrui te fît. Mais, pour autant, ce principe ne saurait cesser d'être obligatoire, et, quoique dépassé par la Pratique générale de la Société, il ne saurait perdre, en cas, son caractère impératif. — Il en est de même de tous les impératifs

moraux reconnus ou à reconnaître par l'Humanité,

21.   Voyez le mot Passion, dans les Définitions, pag. 15.

22.   Nous ne parlons point des lois absolues dont la fixité impérative a été reconnue ci-dessus et mise hors de cause.

23.   Les Économistes de la vieille École, les Révolutionnaires politiques, les Révolutionnaires sociaux, ceux qui, sans offrir des garanties d'ordre, poursuivent l'abolition immédiate de l'esclavage, du mariage fixe, de la peine de mort, enfin tous ceux qui tendent à diminuer l'énergie des Lois répressives politiques, civiles, elc, etc., ou à supprimer les Lois disciplinaires sans avoir présenté et fait accepter préalablement un Régime supérieur à celui que ces Lois soutiennent.

24.   Les Immobilistes politiques et sociaux, les Conservateurs effarouchés, tremblant à l'idée de tout changement, les Moralistes, les Philosophes, etc., qui, faute de connaître la nature de l'Homme et confondant la Passion avec ses faux Essors, la Cause avec un de ses effets, identifient au Vice la Passion qui est source de Vice nu de Vertu, et érigent en Principe absolu et inconditionnel non pas seulement la Répression du Vice, mais l'étouffement de la Passion.

25.   Actuelles, bien entendu, est pris ici dans le sens philosophique et général, et ne signifie pas seulement l'actualité d'aujourd'hui, mais l'actualité de tous les temps.

26.   Voy. la note, page 100.

27.   Les prescriptions et règlements de toutes sortes qui concernent ces éléments n'ont point pour objet de régler leur action, leur mode d'exercice, en tant qu'éléments industriels, mais seulement de donner des garanties aux intérêts généraux de salubrité, de sécurité, et à certains intérêts de propriété publique ou particulière. Lors donc que nous disons que ces éléments sont absolument libres, il doit être bien entendu que nous ne les considérons que sous le point de vue de leur action industrielle, qui constitue leur caractère propre.

28.   C'est dans nos ouvrages spéciaux d'Exposition qu'il faut chercher cette connaissance.

29.   Celte Hypothèse est pour nous une Vérité démontrée à priori. L'Expérience n'ajoutera rien à notre certitude. Mais,

pour tous ceux qui ne connaissent pas profondément les bases métaphysiques et inconditionnelles sur lesquelles repose la LOI SERIAIRE, la vérité de cette Hypothèse ne peut être qu'une simple présomption ; c'est pour cela qu'elle ne peut avoir aujourd'hui, généralement, d'autre caractère que celui d'une Hypothèse à vérifier. En résume, nous avons nos raisons pour ne pas douter que l'Expérience ne confirme notre Principe ; mais il est très-légitime que, en dehors de nous, l'on en doute encore.

30.   La tendance à former la Corporation ou la Série, est une des trois tendances collectives des douze Passions de l'Homme. Voyez l'Analyse des Passions natives dans les ouvrages de l'Ecole sociétaire.

31.   Dans le but de préciser et d'éclaircir l'idée importante sur laquelle nous appelons ici l'attention du lecteur, nous citerons l'exemple récent du Saint-Simonisme. Celle Doctrine, qui avait fini, pour caractériser son But, par prendre à Fourier le mot d'Association universelle sans lui emprunter la claire intelligence de ce mot, et sans tenir compte le moins du monde des Conditions scientifiques les plus élémentaires de l'Association humaine ; le Saint-Simonisme, en supposant, ce que nous sommes loin d'admettre, qu'il eût eu puissance d'opérer l'Association, ne pouvait évidemment songer et ne songeait effectivement à exercer cette puissance que sur des individus préalablement imbus de la Foi saint-simunienne et rendus disciplinables par cette Foi.

Ainsi, les promoteurs du Saint-Simonisme n'auraient pu associer Saint-Simouiennement que des hommes qui eussent été déjà Saint-Simoniens de cœur et d'âme. Les promoteurs du Procédé naturel d'Association découvert par Fourier, au contraire, déclarent superflu, pour que des hommes puissent être associés phalanstériennement (c'est-à-dire d'après le Procédé Sériaire), que ces hommes croient à la Doctrine phalanstérienne, qu'ils soient animés d'une Foi phalanstérienne. Il y a plus, ils reconnaissent qu'il convient même que la Masse sur laquelle sera expérimentée la valeur, la vérité, la puissance du Procédé Sériaire, en ignore généralement la théorie dogmatique, afin qu'il reste bien prouvé, aux yeux du monde, que l'Association opérée dans un Essai Sociétaire y est le fait d'un Système organique réalisable partout, avec des hommes quelconques et quelles que soient les croyances de ceux-ci, el non par le fait d'une Foi particulière dont il serait nécessaire d'inculquer d'abord les Dogmes à tous les individus que l'on voudrait mettre en état d'Association.

Une comparaison achèvera de rendre tout-à-fait notre pensée :

La vapeur est douée d'une tension naturelle, et un mécanisme à vapeur est d'autant meilleur que, fondé plus exactement sur la loi de cette expansion, il utilise mieux les variations de cette puissance expansive.

L'Homme, dans un autre ordre bien entendu, possède aussi une puissance d'expansion naturelle qui dépend des lois de sa Nature passionnelle, et le meilleur mécanisme social serait celui qui utiliserait socialement toute la puissance expansive ou passionnelle de l'Homme. Or, tout mécanisme social auquel est nécessaire l'action de la Foi préalable des individus contre la puissance expansive naturelle de ceux-ci, n'est évidemment pas en parfaite harmonie avec les tendances propres de cette expansion. Un tel Système social est comparable à un mécanisme à vapeur dans lequel il faudrait, pour que tout allât bien, que la vapeur, ayant foi dans la pensée du mécanicien, consentit à ne pas suivre sa propre loi d'expansion, mais bien à se diriger tantôt par ici, tantôt par là, et à se dilater ou se condenser, non point quand il lui serait naturel de le faire, mais quand il serait bon pour la Machine qu'elle le fit.

On doit comprendre maintenant ce que nous entendons par la convenance ou l'harmonie d'un Système social avec la Nature humaine, et pourquoi nous établissons que la Foi corrélative à un Système semblable ne doit point être une condition préalable et obligatoire de la Réalisation de ce Système. En résumé, nous dirons que la Réalisation d'un Système social, fondé en Vérité, est sans contredit appelé à créer une Foi générale, mais que l'expérience d'un pareil Système ne doit pas exiger préalablement cette Foi comme moyen de succès.

32.   L'impuissance et la vanité des changements et des réformes purement politiques ; la reconnaissance des erreurs de l'Économie politique, fondée sur le morcellement et le laissez-faire anarchique ; la nécessité d'une Réforme sociale comportant l'organisation du travail, ou, pour mieux dire, de l'Industrie ; la nécessité d'appuyer cette Organisation sur l'Association du Capital, du Travail et du

Talent, etc. ; voilà des thèmes qui sont depuis trente ans dans les livres de Fourier, mais qui ne sont entrés que depuis bien peu d'années dans la discussion publique.

33.   Il ne manque pas de gens qui nous disent : « Une expérience fera mille fois plus de prosélytes que toutes les phrases du monde. Pourquoi perdez-vous le temps en paroles, en prédications ? À l'œuvre donc ! agissez, organisez une Commune Sociétaire, et nous verrons alors ce que vaut votre Système. » — Nous sommes parfaitement de l'avis de ces personnes sur le caractère décisif d'un succès en Réalisation, et il nous semble même que nous professons depuis fort longtemps l'opinion à laquelle on cherche ainsi à nous convertir. Aussi serions-nous, à la rigueur, très-disposés à renoncer même à tonte Propagation, si ceux qui nous y engagent voulaient, à cette condition, nous garantir les capitaux, les ressources et tous les moyens qui seront nécessaires à l'exécution complète d'une Fondation Sociétaire sérieuse.

Comment avons-nous conquis les ressources dont nous disposons actuellement ? Par la Propagation. Si nous n'avions pas fait, depuis dix ans, une Propagation active, nous serions, pour la Réalisation de la Théorie, de dix années en arrière. Enfin si, au lieu d'étendre toujours le cercle de la Propagation pour assurer le succès d'une Réalisation sérieuse, nous nous jetions imprudemment dans quelque Essai bâtard, avec des capitaux et des moyens insuffisants, et en abandonnant nos travaux de Propagation, nous compromettrions notre œuvre à plaisir, et nous reculerions nous-mêmes, pour de longues années peut-être, le triomphe de la Reforme que nous poursuivons. Nous avons pu être excusables d'agir ainsi en 1832, au début de notre Propagation ; nous ne le serions plus aujourd'hui.

34.   Le Conseil de rédaction de La Phalange se compose aujourd'hui de MM. Victor Considérant, Amédée Paget*, Julien Blanc, A. Bureau, B. Dulary, ancien député, C. Pellarin, Cantagrel, A. Colin, C. Daly, L. Franchot, O. Barbier, E. Cartier, E. Bourdon, D. Laverdant et F. Devay, principaux rédacteurs de La Phalange, demeurant à Paris. De nouveaux membres peuvent être adjoints à ceux-ci ; le Conseil sera guidé dans ses choix par la considération des intérêts de la Cause et des services rendus.

*Depuis la première publication de ce Manifeste nous avons eu la douleur de perdre notre ami Amédée Paget, l'un des gérants de la Société pour la Propagation et la Réalisation de la Théorie sociétaire.

35.   Just Muiron, de Besançon.

36.   Des tentatives nombreuses ont été faites auprès des publicistes et des principaux journaux de l'époque pour obtenir l'examen des ouvrages de Fourier et de Muiron. Tout a été infructueux. Nous conservons les pièces de conviction dans nos archives ; il y en a d'extrêmement curieuses.

37.   Il y a des partisans de nos idées qui trouvent que La Phalange ne fait pas assez de Théorie sociétaire proprement dite. Nous concevons très-bien que, une fois entré dans la Doctrine, on préfère les sujets de Théorie pure aux thèmes généraux ou aux thèmes de transitions ; mais La Phalange doit-elle être faite pour donner des jouissances scientifiques particulières aux partisans de la Doctrine ou pour conquérir des partisans nouveaux à la Doctrine ? Voilà toute la question.

Nous pensons que La Phalange doit se proposer d'agir au dehors et d'étendre le cercle de ses conquêtes : — mieux elle sera calculée pour cet objet, mieux elle remplira sa destination. Les partisans de nos idées ne doivent pas dire : Je préférerais que La Phalange traitât tel ou tel sujet qui me conviendrait spécialement ; ils doivent dire : La Phalange a raison de traiter les sujets les plus accessibles au public. La Phalange, entre les mains des partisans de nos idées, doit être un moyen permanent d'action extérieure. Ce n'est pas pour flatter les idées et les goûts des Phalanstériens qu'elle est faite, mais pour donner à ceux-ci de continuelles occasions de Propagation, pour leur fournir sans cesse des amorces à jeter autour d'eux. Il faut bien, sans doute, qu'ils la lisent, mais il faut surtout qu'ils la fassent lire, la répandent, la propagent : c'est du côté de l'Extérieur, du côté des Conquêtes que toutes les forces doivent être aujourd'hui tournées.

38.   Il ne manque pas de personnes qui nous conseillent de donner les livres de l'École à très-bon marché, afin de les répandre davantage. Eh ! qui donc peut désirer plus que nous de répandre les ouvrages de l'Ecole ? N'avons-nous pas longtemps distribué

gratuitement des volumes et des journaux par milliers ? La Propagation n'est-elle pas encore assez onéreuse ? et n'est-il pas indispensable que les prix des ouvrages soient calculés de manière à permettre à notre Société de rentrer dans une partie de ses frais, et, plus tard, de les couvrir ? Notre devoir est d'établir les choses sur un pied tel que la Propagation parvienne à faire ses frais, à se nourrir elle-même. Or, si l'on doit être longtemps encore en perte sur le Journal, il faut bien, dès maintenant, songer à récupérer sur d'autres publications, et principalement sur celles dont la vente est forcée. Nous ne demanderions pas mieux que d'être mis à même de pouvoir livrer toutes nos publications gratuitement. Qu'on nous donne cette faculté : nous agirons en conséquence.

39.   Nous avons toujours protesté contre les dénominations de Fouriérisme et Fouriériste. — Nous développons les Vérités sociales découvertes par Fourier, comme les Géomètres développent les Vérités mathématiques découvertes par Archimède, Descartes, Newton, Leibnitz, etc. ; comme les Astronomes développent les Vérités astronomiques découvertes par Copernic, Keppler, Newton et Herschell ; comme les Physiciens, les Chimistes, etc., développent les Vérités reconnues par les savants qui ont amené ces spécialités scientifiques à l'état où elles sont aujourd'hui. Nous ne sommes point les disciples d'un Chef de Secte, mais bien les disciples d'un grand homme qui a apporté à l'Humanité et jeté dans le domaine public des Idées, une Science. S'il faut désigner aujourd'hui par un nom ceux qui connaissent déjà, et qui enseignent les Vérités sociales et universelles découvertes par Fourier, qu'on les appelle Phalanstériens (nom tiré de l'élément fondamental du Système social lui-même), et que l'on appelle leur École, non l'École fouriériste, mais l'École sociétaire, — Encore la désignation de Phalanstérien n'est-elle pas rigoureusement juste, car, à proprement parler, on ne sera Phalanstérien que quand on habitera des Phalanstères, des Communes sociétaires. Voici, au reste, la Protestation de Fourier lui-même contre l'expression de Fouriérisme : « La dénomination de FOURIERISTE, » dit-il (Réforme industrielle, t. II, p. 387), « est impropre ; elle induit en erreur. Le nom de Fouriériste est un piège des Zoïles pour m'isoler de la bannière que je m'honore de suivre, et me confondre avec les fabricateurs de systèmes et de religions. Lorsqu'un essai aura

démontré la justesse de ma Théorie, personne ne prendra le nom de Fouriériste, car tout le genre humain sera rallié à ma doctrine… Je ne veux pas du rôle banal de chef de Secte. »

40.　　Les progrès de cette Doctrine font cette année le texte de la demande des fonds secrets. (Voyez l'exposé des motifs du projet de loi.)

41.　　Celle première Division du Ministère du Progrès, dont nous sommes en mesure de produire l'organisation, est de nature à augmenter, par ses seules opérations, la richesse sociale et les ressources de l'État, dans une proportion tellement énorme, que nous n'oserions pas donner le chiffre d'un minimum. Mais il est bien d'autres magnifiques propriétés de cette Institution que nous ne voulons pas encore exposer ici. Nous y reviendrons ailleurs. (Voy. la Note ajoutée plus loin, p. 189 et suiv.)

42.　　Il est inutile de dire que, pour cette Division encore, nous sommes en mesure de présenter un Système complet d'organisation.

43.　　Il n'y aurait pas et il ne pourrait pas y avoir de Journal aussi lu que le Journal officiel du Ministère du Progrès. Nous le démontrerions facilement.

44.　　Il est sensible qu'en construisant les machines d'essai sur certains étalons réguliers, les ateliers ne larderaient pas à se trouver pourvus de pièces de toutes sortes, cylindres, roues, corps de pompe, etc., qui rendraient bientôt très-rapides et très-peu coûteuses la plupart des expériences à exécuter.

45.　　Une objection tirée de l'état des classes ouvrières en Angleterre se présente naturellement ici. Cette objection prouve que le Progrès social, devant suivre le Progrès industriel, la première division du nouveau ministère exige impérieusement la création de la seconde.

ISBN : 978-1978247994

www.ingramcontent.com/pod-product-compliance
Lightning Source LLC
Chambersburg PA
CBHW070805260726
48660CB00005B/1704